PEDIR AGRADECER ADMIRAR

ANNE LAMOTT

PEDIR AGRADECER ADMIRAR

AS TRÊS ORAÇÕES ESSENCIAIS

SEXTANTE

Título original: *Help, Thanks, Wow*

tradução: Simone Lemberg Reisner

preparo de originais: Regina da Veiga Pereira

revisão: Juliana Souza e Rebeca Bolite

projeto gráfico e diagramação: Valéria Teixeira

capa: Miriam Lerner

impressão e acabamento: Bartira Gráfica e Editora S/A

CIP-BRASIL. CATALOGAÇÃO NA PUBLICAÇÃO
SINDICATO NACIONAL DOS EDITORES DE LIVROS, RJ

L233p Lamott, Anne
Pedir, agradecer, admirar / Anne Lamott; tradução de Simone Lemberg Reisner; Rio de Janeiro: Sextante, 2014.
112 p.; 14 x 21 cm

Tradução de: Help, Thanks, Wow

ISBN 978-85-431-0081-4

1. Oração. 2. Espiritualidade. I. Título.

14-10459 CDD 299.93
CDU 289.9

Todos os direitos reservados, no Brasil, por
GMT Editores Ltda.
Rua Voluntários da Pátria, 45 – Gr. 1.404 – Botafogo
22270-000 – Rio de Janeiro – RJ
Tel.: (21) 2538-4100 – Fax: (21) 2286-9244
E-mail: atendimento@esextante.com.br
www.sextante.com.br

Para Sarah Chalfant e Jake Morrissey

Alguma vez, o pôr do sol se parece com o
nascer do sol?
Você sabe como é um amor fiel?
Você está chorando. E diz que se queimou.
Mas é capaz de pensar em alguém que
não se sinta perdido no meio da fumaça?

– RUMI

SUMÁRIO

PRELÚDIO
Oração

Eu não sei muita coisa sobre Deus e orações, mas, nos últimos 25 anos, passei a acreditar que existe alguma forma de simplificar as nossas preces.

Talvez você esteja se perguntando o que eu quero dizer quando uso a palavra oração. Certamente não é o mesmo que os pregadores que aparecem na televisão querem dizer. Não é algo para ser exibido. A oração é particular, mesmo quando oramos junto com outras pessoas. É a comunicação do nosso coração com algo que ultrapassa o entendimento. Digamos que seja a comunicação do coração com Deus. Ou, se você achar esse conceito absurdo, podemos dizer que é uma comunicação com o Bem, com uma força que está além da nossa compreensão, mas que em nossa dor, nas nossas súplicas e no nosso alívio não precisamos definir nem ter provas de que o contato foi estabelecido. Pode ser o que os gregos chamavam de Realmente Real, aquilo que repousa lá dentro de nós, encoberto pelo véu de nossos valores, princípios, convicções e sofrimentos. Ou um grito que vem do seu eu mais profundo e é dirigido à Vida ou ao Amor, com letras maiúsculas.

Não tem a menor importância o nome que damos a essa força. Cada um usa o nome que deseja. Houve um tempo em que eu chamava Deus de Fil, porque um amigo me deu uma pulseira em que mandou gravar "Fil 4:4-7", já que a minha passagem favorita da Bíblia está no capítulo 4 da carta aos Filipenses. Eu gostava muito de chamá-lo assim.

Vamos então simplesmente afirmar que a oração é a comunicação do nosso coração com o Grande Mistério, com a Bondade ou, melhor ainda, com a estimulante energia do Amor. Com algo inimaginavelmente grande e que está além de nós. Se quisermos, podemos dizer apenas "Deus".

Conheço alguns pais que, na hora de dormir, repetem com os filhos essa terrível oração: "Agora eu me deito para dormir. Peço a Deus para guardar minha alma. Se eu morrer antes de acordar..."

Fiquei chocadíssima quando ouvi isso pela primeira vez. Que coisa horrível uma criança de 7 anos pensar que pode morrer enquanto dorme!

Provavelmente a oração que mais repetimos é: "Deus, me ajude!" Ela é excelente, pois parte do mais profundo desamparo, num momento em que nos abrimos para aceitar nossa impotência e nos entregar à proteção divina.

Às vezes, num momento de grande euforia, eu olho o céu azul ou a noite estrelada e exclamo: "Obrigada, meu Deus, por tanta beleza, obrigada pelo meu lindo neto, por essa cerejeira em flor!"

Há outros momentos em que podemos nos sentir tão injustiçados com o que está acontecendo que somos capazes de gritar ou sussurrar para nós mesmos: "Deus, eu te odeio." Por incrível que pareça, isso também é uma oração, porque é um reconhecimento da existência de Deus e uma expressão muito sincera de um sentimento.

Cada pessoa se sente e se expressa de um modo particular quando ora. Algumas entram em estado de profunda meditação, buscando esse contato em seu interior. Outras se manifestam com espontaneidade em seus pedidos, agradecimentos e expressões de dor, raiva, desolação ou louvor. Mas a oração em si é um pressuposto de que, de alguma maneira, acreditamos que somos convidados a um relacionamento com alguém que nos ouve quando nos dirigimos a ele, seja em voz alta ou em silêncio.

Podemos orar pedindo coisas ("Meu Deus, me ajude a comprar uma casa"); por pessoas ("Por favor, cure o câncer do meu amigo"); para ter uma vida feliz, ser tolerantes com nossos defeitos ou complacentes com os dos que nos cercam. E até mesmo entoar: "Meu Deus, eu sei que já pedi muito, mas, por favor, me ajude a sair dessa depressão." Podemos dizer qualquer coisa a Deus. Tudo é oração.

A prece pode ser movimento, quietude ou energia – ou as três coisas ao mesmo tempo. Ela começa quando paramos de repente, quando nos sentimos pressionados, quando estamos confusos, quando ficamos tão fartos de estar sempre cansados e doentes que nos rendemos, ou pelo menos desistimos de lutar, e finalmente caminhamos, nos jogamos ou nos arrastamos em direção a algo. Ou talvez no momento em que, por um milagre, abrimos levemente as mãos e nos soltamos.

Orar é conversar com alguém em busca de união, mesmo que estejamos amargurados, loucos ou derrotados (na verdade, essas são, provavelmente, as melhores condições possíveis para se orar). A prece é o reconhecimento de que, apesar de todos os nossos atos passados, alguém nos ama tal como somos. E uma das melhores maneiras de mudar é expondo claramente todas as nossas dores e aflições.

De qualquer forma, estamos fazendo contato com alguma coisa invisível, muito maior do que somos capazes de imaginar. É algo que podemos ousar chamar de inteligência divina ou energia do amor. A oração somos nós, seres humanos, meramente existindo, estendendo a mão para algo que tem a ver com o eterno, com vitalidade, inteligência, bondade, mesmo quando nos sentimos totalmente exaustos e céticos. Deus sabe lidar com a honestidade, e a oração conduz a uma conversa franca.

Acredito que, quando você fala a verdade, aproxima-se de Deus. Se você diz a Ele "Estou tão exausto e deprimido que mal consigo explicar, e nesse momento não sinto qualquer amor por Você; quero distância de Você", essas podem ser as palavras mais sinceras que já saíram de sua boca. Se você me contasse que disse a Deus "Não tem mais jeito, e eu não tenho a mínima certeza de que Você existe, mas estou precisando muito de ajuda", eu ficaria profundamente emocionada e orgulhosa pela sua coragem de ser verdadeiro. Isso me daria vontade de ser sua amiga.

Portanto, a oração é o nosso eu verdadeiro tentando comunicar-se com o Real, com a Verdade, com a Luz. Somos nós querendo ser ouvidos na esperança de sermos descobertos pela luz e pelo calor neste mundo, e não pela escuridão e pelo frio.

A luz nos revela para nós mesmos, o que nem sempre é bom, caso estejamos metidos em grandes confusões e problemas, que provavelmente nós causamos. Mas, tal como os girassóis, nós também nos viramos em direção à luz. Ela aquece e, na maioria das vezes, atrai. E nela podemos ver além de nossos modestos sentidos, podemos enxergar tudo o que está muito além de nós e também no lugar mais profundo de nosso ser.

Tudo isso é difícil de expressar, pois é real, é enorme, ultrapassa o mistério. Rumi afirmou que todas as palavras são como dedos apontando para a Lua, mas nós achamos que as palavras *são* a Lua. No entanto, por causa da luz do amor, da energia e do movimento que nos levaram a orar, pequeninas partes dessa realidade mais profunda tornam-se perceptíveis, e é com elas que teremos que contar.

Minhas três orações essenciais são variações de Pedir, Agradecer e Admirar. Isso é tudo de que eu preciso, além do silêncio, da dor e da pausa, para que eu possa parar, fechar os olhos e voltar-me para o meu interior.

PEDIR

Tudo está perdido. Até para uma otimista incorrigível como eu, as coisas não podiam estar piores. Por todos os lados, nossa vida, nosso casamento, nossos valores éticos e o governo estão se despedaçando. As pessoas estão sem esperança e o planeta parece não ser suficiente para suportar tudo isso. Arrependam-se! Não, na verdade, o que eu quero mesmo dizer é: gritem por socorro!

O que eu sempre desejei, durante toda a minha vida, foi alívio da pressão, do isolamento, do sofrimento humano (inclusive o meu, que foi sobretudo mental) e da enorme incompetência dos políticos e dirigentes. Isso é tudo o que eu desejo agora. Já tive de lidar com grandes e pequenas crises, problemas familiares, corações partidos e insanidades, e agora sinto que não posso suportar mais uma morte em minha vida. Neste exato momento, minha gatinha Jeanie, com quem convivo há 13 anos e que amo muito, está à beira da morte devido a um linfoma. Acho que não vou conseguir viver sem ela.

Isso deve soar insignificante para aqueles que estão enfrentando a iminente perda de pessoas queridas, de um emprego ou da poupança para a velhice. Mas se você ama loucamente seus animais de estimação, como qualquer pessoa normal, sabe o que significará essa perda, tanto para mim quanto para Jax, meu neto de 3 anos. Será o primeiro contato dele com a morte. Eu disse a Jax que Jeanie está doente e que os anjos irão levá-la para longe de nós. Tentei fazer com que a notícia parecesse boa, afinal os urubus não virão buscá-la, nem as cobras, mas ele não caiu na conversa.

– Os anjos vão levar a Jeanie embora?

– Vão, porque ela está velha e, agora, precisa morar no céu.

Ele disse:

– Estou com muita raiva dos anjos.

Jax está absolutamente furioso com a morte. Eu também estou. Já cansei dela. Não posso suportar que mais um casal de amigos perca um filho. Não consigo mais lidar com o fato de que na vida dos meus filhos e netos haverá solidão, conflitos e até mesmo o preconceito racial, tão comum e humilhante. É difícil viver neste planeta, e nós somos uma espécie vulnerável. E a única coisa que posso fazer é orar: Deus, me ajude!

Quando eu oro, algo que faço várias vezes por dia, peço muitas coisas. Oro pela saúde e pela felicidade de meus amigos e seus filhos. Não há qualquer problema em pedir que Deus os ajude a ter uma sensação de paz e para que sintam o amor Dele. Eu oro para os nossos líderes, a fim de que ajam pelo bem comum ou que, pelo menos, melhorem um pouco. Peço que as pessoas vítimas de catástrofes recebam amparo e conforto. Não tenho qualquer vergonha em pedir que minha gatinha morra sem sofrimento. Alguns amigos preocupam-se muito com o futuro de seus filhos, outros estão enfrentando crises no casamento, e quase todas as famílias que eu amo têm problemas sérios relacionados à saúde de um de seus membros ou suas finanças. Podemos pedir coisas grandiosas em nossas orações, mas devemos ter certeza de que Deus acolhe também a oração pela gatinha e pela tristeza de Jax, causas aparentemente menores.

Será que Deus vai dizer: "Sinto muito, mas não posso me ocupar com a gata?" É claro que não.

Eu oro pedindo ajuda para este planeta, para as pessoas carentes e por todos os que sofrem em minha pequena galáxia. Sei que, no momento em que peço ajuda, há bastante compaixão, piedade, generosidade, companheirismo e solidariedade vindos de várias pessoas no mundo, como amigos, médicos, enfermeiras, idosos em asilos. Também sei que a vida pode ser devastadora, e que não há problema algum em ficar irritado com Deus. Tende piedade! Eu sempre desejo um final feliz.

Posso imaginar Deus dizendo: "Tudo bem, querida. Estarei aqui quando você terminar a sua lista." Então, Ele volta a criar novas florestas, ou a ajudar as pessoas menos enfurecidas, até que eu atinja o fundo do poço. Quando eu finalmente chegar lá, talvez haja esperança.

Existe certa liberdade quando se chega num limite e você vê, por exemplo, que não será capaz de salvar ou resgatar sua filha, o marido dela, os pais dele ou a sua carreira. Nesse ponto também há um alívio em admitir que você atingiu um lugar desconhecido. É daí que a restauração pode começar, porque, enquanto você procura reparar o irreparável, tudo o que é ruim começa a aparecer: o falatório na sua mente, a tensão no seu corpo, todos os pesos de consciência que você carrega do passado. É exaustivo e enlouquecedor.

Por favor, ajude-nos a superar isso. Ajude-nos a sobreviver.

Essa é a primeira grande oração.

Eu não oro para que Deus faça isso ou aquilo, resolva meus problemas nem oro por resultados específicos. Bom, para dizer a verdade, talvez um pouquinho. Quando meu grande herói Arthur Ashe já estava sofrendo de aids havia algum tempo, ele disse: "O que importa é a vontade de Deus." Na época em que eu jogava tênis, nunca orei para ganhar uma partida. Não vou orar agora para ser curado de uma doença cardíaca ou de aids. Então, eu clamo: "Deus, me ajude! Proteja meus amigos com a Sua luz."

Não há palavras para consolar a dor das pessoas que perdem entes queridos. Por isso eu peço a Deus que lhes dê força e coragem suficientes para viver cada dia. Como todos aqueles que amamos e por quem pedimos com tanta paixão irão morrer, então nós oramos por milagres – "Por favor, ajude esse amigo a viver" ou "Por favor, ajude aquele amigo a morrer com dignidade" – e para que os sobreviventes consigam, de alguma maneira, resistir. Por favor, ajude Joe a enfrentar a doença de Evelyn; ajude essa cidade a se recuperar; ajude aqueles pais a superarem a dor; ajude esses filhos a sobreviverem. Eu oro para ser capaz de enfrentar a perda da minha gata. "Por favor, Deus, me ajude."

Eu tento não trapacear com Deus. Eu procuro orar para que a vontade Dele se cumpra e, na maioria das vezes, estou sendo sincera.

Quando oro, vejo o sofrimento banhado em luz. Em Deus, não existe escuridão. Eu vejo a luz Dele inundar os que sofrem, mergulhar neles, guiar seus passos. Eu *quero* dizer a Deus o que fazer: "Olha só,

Senhor, que catástrofe! Você *precisa* dar um jeito nisso." Mas é inútil. Então, oro pelas pessoas que estão sofrendo, para que elas se sintam repletas de ar e de luz. Esses dois fatores curam, pois de alguma maneira penetram nos lugares escuros e mofados, como se fossem antibióticos espirituais.

Nós não precisamos compreender de que forma isso funciona. "Tentar entender" não é um bom lema. É suficiente saber que funciona.

Na minha infância havia pouca quantidade de ar, luz, transparência e verdade. Quando pessoas e animais de estimação morriam, era como se a Grande Borracha aparecesse e os levasse, o que não foi o caso de apenas alguns camundongos e passarinhos, pois os enterramos no quintal.

Quando eu tinha 3 ou 4 anos, ficava apavorada, meio confusa, diante da morte. Sofria de constantes pesadelos com cobras e vizinhos assustadores. Com 4 anos, morria de medo dos meus pensamentos. Aos 5, as enxaquecas começaram. Eu era tão sensível que chorava ou ficava paralisada diante da ferida mais superficial. As pessoas sempre me diziam "Você precisa ser mais resistente", da mesma forma como hoje poderiam dizer, na melhor das intenções: "Deixe nas mãos de Deus." Acredite: se fosse fácil, eu seguiria as recomendações, apesar de às vezes ter vontade de agredir quem me propõe isso. Os professores escreviam em meu boletim que eu era sensível demais, preocupada em excesso, como se isso fosse simples de corrigir. Eu não queria pedir ajuda a meus pais, pois achava que eles já tinham problemas demais para resolver. Além disso, era *eu* quem ajudava. Eu era a filha a quem todos da família recorriam, já que nunca pediriam a ajuda de terceiros.

Acima de tudo, nós não orávamos. Fui educada para acreditar que as pessoas que oram são ignorantes. Pedir a um homem velho e invisível que interferisse em algo era o mesmo que fazer vodu. Deus era visto como Papai Noel e o responsável pela maioria dos sofrimentos da História, como as Cruzadas e a Inquisição. Portanto, orar era combater ao lado de Genghis Khan, Torquemada (que era o nome de um enorme gato alaranjado que tivemos) e encantadores de serpentes, em vez dos maravilhosos artistas da época. Meus pais prestavam culto ao *The New York Times*, e nós nos ajoelhávamos diante de um móvel em que guardávamos cuidadosamente nossa Arca da Aliança: discos de Miles Davis e Thelonious Monk.

Hoje, quando lembro, percebo que meus pais, que eram intelectuais e modernos demais para orar, adoravam pessoas em sua maioria viciadas e mentalmente doentes. Os melhores amigos de nossa família bebiam e competiam entre si para ver quem atacava melhor inimigos comuns, como Richard Nixon e os cristãos. Posso afirmar com segurança que nenhum parente nem amigo próximo orava, com exceção de meu avô paterno, um ex-missionário cristão que amava os netos como não soube amar os próprios filhos. Ele jamais disse a meu pai que o amava; isso simplesmente não era dito. Das poucas lembranças que tenho dele, duas são marcantes: sua careca e sua gentileza. E também me recordo de sentar em seu colo, do cheiro de seu charuto e de que as pessoas em geral o admiravam muito. Eu tinha 6 anos quando ele foi apagado pela Grande Borracha.

Eu sei, com certeza, mas sem qualquer prova, que meu avô orava por todos os netos. E se alguém ora por você, prepare-se. O impossível pode acontecer.

Há um tempo, meu irmão John contou-me a seguinte história:

Uma noite, quando ele tinha 7 anos e eu, 5, mamãe e papai saíram e nos deixaram com uma babá que costumava vir tomar conta das crianças nessas ocasiões. Seu nome era Carol. Quando ela foi à cozinha esquentar o jantar, eu chamei o John, que assistia à televisão, e pedi que me acompanhasse até o alto da escada que levava ao sótão, dizendo que tinha um segredo urgente para lhe contar.

Enquanto estávamos abraçados no topo da escada, eu o fiz jurar segredo e disse que queria aceitar o menino Jesus em meu coração.

John viu que eu estava extremamente agitada, e percebeu que aquilo era muito importante para mim. Eu disse: "Precisamos orar antes que eles voltem."

À medida que eu ouvia essa história, fui lembrando que naquele dia eu e meu irmão, um garoto do tipo valentão, abaixamos nossas cabeças e unimos as mãos em oração. Depois dessa cena, só me vem à cabeça a chegada de nossos pais. John e eu já estávamos na cama, mas ainda acordados. Eu morri de medo de que ele me dedurasse por orar, mas meu irmão não fez isso. Nós nos levantamos e corremos para receber beijos e abraços. Ainda me lembro dos pijamas da Sears que eu usava.

Alguns minutos mais tarde, o pai de Carol chegou para buscá-la. Honestamente, eu não me recordo de Carol ter falado nada sobre Jesus, mas sim das mãos do pai dela, Charles. Eu já tinha prestado atenção nelas antes, porque não eram elegantes como as do meu pai, que era escritor. As de Charles eram enormes e cheias de calos, com frequência com algum machucado, bolhas ou uma unha roxa onde ele acertara uma martelada. Elas sempre pareciam sujas, não porque ele não as lavasse, mas porque seu trabalho, que não sei bem qual era, tinha incrustado a poeira nos calos.

Meu irmão acha que eles eram de uma seita religiosa. Carol deve ter me dito, naquela noite, algo que escapou aos ouvidos de John; mas talvez não. Que eu lembre, essa foi a primeira vez que orei.

Desde então, passei a fazer isso de vez em quando, menos na época em que me tornei uma adolescente ateia e amarga, ao descobrir Bertrand Russell. Eu sempre imaginava que Deus estava por perto ou, pelo menos, que existia.

E imaginação é coisa de Deus. Faz parte da maneira como entendemos o mundo. Acho ótimo imaginar Deus e a Sua graça da melhor maneira possível. É um modo de trazer à tona o que temos de bom dentro de nós. Outras imagens nos desligam e nos fecham. Acredito que a pessoa escolhe qual dessas duas linhas de pensamento deseja seguir.

Se suas experiências espirituais mudam o seu comportamento, é porque imaginar Deus deixou de ser uma ilusão. Se você se tornou mais generoso, qual é o maior benefício? Ficou mais paciente e tolerante? O seu mundo ficou maior, mais interessante e mais sensível? Você passou a ser pelo menos um pouquinho mais gentil consigo mesmo? Analisando suas respostas que você descobre.

Uma amiga de longa data, agnóstica convicta, pediu-me que orasse por sua filha Angie, que tinha filhos pequenos e recebeu o diagnóstico de um câncer pulmonar agressivo, do tipo que continuava a crescer apesar da quimioterapia. Fecho os olhos e penso: "Eu coloco essa família sob a Sua luz. Peço que eles consigam um milagre, que tenham forças, que estejam bem hoje, que o amor que os une e seu maravilhoso senso de humor os ajudem a enfrentar a situação. Mas francamente, Senhor, eu gostaria de saber: que ideia maluca foi essa?"

Esta oração e minha amizade foram tudo o que eu pude oferecer.

Gostaria de possuir uma varinha de condão e encostá-la na cabeça de Angie, fazendo seu câncer desaparecer e permitindo que seus filhos cresçam ao lado da mãe. Melhor ainda, queria que Deus tivesse uma. Não sei como Ele faz, mas, como eu disse antes, já vi milagres, embora eles sempre demorem muito para serem reconhecidos. Você concorda comigo? Além disso, já presenciei a graça se manifestando como boias em um mar revolto, como sopros de ar fresco em cômodos pequenos e assustadores. E já testemunhei a intervenção de pobres anjos que parecem ter tido a má sorte de serem eleitos para me proteger.

Vi muitas pessoas sobreviverem a perdas insuportáveis, e as vi experimentando a felicidade outra vez. Como é possível?

O amor fluiu para elas vindo de seus amigos mais próximos e do resto de sua comunidade, que as cercou, sentou-se ao lado delas e abraçou-as. O tempo passou. Na maioria dos casos, sua dor levou-as lentamente a se dedicarem ao próximo. O grande poeta bengali Rabindranath Tagore escreveu: "Dormi e sonhei que a vida era alegria./Acordei e vi que a vida era servir./Agi, e eis que servir era alegria."

Eu sei que Angie e sua mãe alcançarão um milagre, embora talvez não seja aquele que elas desejam, aquele pelo qual nós oramos: que os médicos vençam o câncer e ajudem Angie a continuar a viver. Mas a família vai sobreviver, mesmo que Angie morra. Os filhos irão precisar da avó; o tempo irá passar. A morte não será o fim da história.

As vidas humanas são difíceis e não fazem muito sentido, mesmo as cheias de saúde e privilégios. Essa é a mensagem do Livro de Jó. Qualquer explicação genial que você tenha para o sofrimento é uma grande bobagem. Deus responde a Jó, que deseja saber a razão de todos os seus problemas: "Você não entenderia."

E nós não entendemos muitas coisas. Mas aprende-

mos que as pessoas podem ser *muito* decepcionantes, que elas partem nosso coração, que pessoas meigas e bondosas sofrem abusos, que vamos precisar sobreviver a terríveis perdas, que perceberemos, com uma dor terrível, quanto de nossa vida já desperdiçamos trabalhando em excesso, agradando os outros ou fazendo dietas. Vamos saber de privações e barbáries que ultrapassam nossa capacidade de entender, quanto mais de processar. Mas, em paralelo a tudo isso, testemunharemos a transformação de muitas pessoas descobrindo e se tornando quem estavam predestinadas a ser, antes que seus pais as distorcessem para que se tornassem robôs bem-sucedidos, repletos de vícios e de charme.

Mas de onde começamos a caminhada diária rumo ao despertar e à transformação? Do lugar onde estamos. Encontramos Deus em nossa vida, e isso inclui o sofrimento. Eu ofereço água aos sedentos, mesmo que só eu esteja com sede. Meu amigo Tom anda pela vizinhança coletando lixo, ciente de que terá que fazer a mesma coisa no dia seguinte. Visitamos os que não podem sair de casa, pessoas que parecem ter sido confiadas aos nossos cuidados por uma força superior. Elas podem ser diversos parentes, em geral idosos e possivelmente entediantes, amigos necessitados, detentos ou internos em instituições mentais. Todos podem ter alguma ligação conosco e se beneficiam ao ouvir nossas próprias histórias de ressurreição. Minha crença pessoal é de que Deus olha em Seu arquivo quando tem algum tipo de desesperado sob seus cuidados e dá a alguma pobre alma, como você ou eu, a responsabilidade de cuidar dessa pessoa, fazendo com que seja difícil ignorar o seu sofrimento. Por isso nós vamos visitá-la, mesmo quando isso é simplesmente insuportável.

O grande problema com esse sistema é o fato de que pode ser necessário passar por cima de quase tudo o que você aprendeu sobre si mesmo. Possivelmente, seus pais eram apaixonados um pelo outro e amaram você e seus irmãos sem restrições. E pode ser que você seja emocionalmente equilibrado devido à boa saúde mental dos seus pais e à harmonia do ambiente em que foi criado. Talvez, como as coisas eram tão estáveis e tranquilas em seu lar, você não tenha sido obrigado a aprender técnicas de sobrevivência, como fingir que não vê o que está acontecendo, lutar para alcançar a perfeição ou se controlar a cada segundo do dia se o papai estiver de péssimo humor ou a mamãe começar a perder a paciência outra vez e obrigar você a sair correndo.

Mas para aqueles que não cresceram dessa maneira, talvez seja preciso entrar na brincadeira comigo e agir como se sua família não se importasse em quebrar as regras e dizer a verdade, além de ter – e expressar em voz alta – sentimentos de medo. E, depois, renunciar ao *New York Times* e à conta no banco, aos quais você dava máxima importância, para, em vez disso, acreditar que existe um poder maior do que você e agir de acordo com isso.

Mas e se você não conseguir, mesmo que esteja desesperado de medo? Eu lhe empresto o meu poder maior, um doce e amável judeu de olhos castanhos, que vai querer que você sirva água para todo mundo e em seguida vá até a praia saborear alguns bons peixes.

Mas talvez exista uma fenda em sua descrença. Como já disseram muitos sábios, é assim que a luz entra. E se eu lhe pedisse para abandonar suas convicções só por alguns minutos e fingir que há alguém em um plano superior que o ouve quando você ora?

Há 30 anos, sugeri a um artista reconhecidamente ateu, que estava se afundando no alcoolismo, que experimentasse *agir* como se houvesse um poder maior em sua vida. Ele adorou a experiência e teve seis semanas de grande felicidade perto do fim de seus dias, conversando com o que ele chamava de "grande PM", seu Poder Maior. Eu o visitava em dias alternados e sempre o encontrava radiante. Os amigos o visitavam frequentemente e o levavam para fazer passeios no campo, velejar ou almoçar em um restaurante. Então ele voltou a beber, tornou-se mesquinho, feio, um ateu feroz, e morreu depois de afastar as pessoas mais próximas, fiéis às próprias crenças até o final.

Se hoje eu fosse praticar a presença de Deus em minha vida pela primeira vez, seria bom começar admitindo as três verdades mais terríveis de nossa existência: somos extremamente destroçados, extremamente amados e temos muito pouco controle. É claro que não é nossa culpa termos acabado tão destruídos, tão pouco merecedores de amor. Se as pessoas conhecessem o nosso verdadeiro eu, ou se fosse possível que ouvissem nossos pensamentos, todas fugiriam para salvar a própria vida. Você é capaz de imaginar que possui um eu verdadeiro, bem lá no fundo, um eu que está ali, mesmo quando a sua mente não está?

Se a resposta é sim, você não vai achar difícil imaginar-se acreditando em qualquer tipo de poder maior a quem possa dizer: "Ei."

Eu tive um grande amigo chamado Jack, que já faleceu, e que foi quase destruído pela Igreja Católica. Assim, quando começou uma vida nova, ele fazia uma oração para nossa montanha local, a Tamalpais, a dama adormecida venerada pelos índios. Eu adoro me lembrar de um vendedor gordinho que ficava venerando uma montanha sagrada, suplicando, orando e conversando com Deus sob a forma de uma enorme massa terrestre arborizada.

Eu tenho uma amiga brilhante, que concluiu um mestrado e imagina que Deus é como uma poltrona baixa, com braços longos e estofados, e na qual ela se sente acolhida. Conheci um homem que tem doutorado e frequenta uma igreja baseada no filme *Guerra nas Estrelas*: "Que a força esteja com você."

Mas sabe de uma coisa? Quando ele, meus outros amigos e eu não conseguimos mais pensar em como reparar o irreparável, quando finalmente paramos de tentar curar nossa própria mente estressada, quando estamos de fato sem forças e esgotados, nós pedimos a mesma coisa em oração.

Nós dizemos: "Por favor, me ajude."

Nós dizemos: "Socorro, eu já não aguento mais, estou ficando maluco, não consigo mais fazer isso/não consigo mais *parar* de fazer isso/não consigo sentir mais nada." Ou então: "Socorro, ele vai me deixar/eu não tenho vida própria/eu odeio a vida que construí/eu me esqueci de ter uma vida própria/me esqueci de prestar atenção enquanto a vida passava." E isso porque ainda nem falamos das grandes tragédias: câncer, ruína financeira, sequestro, invalidez.

E eu? Agora, parece que minha gata vai morrer no fim do dia. Ela está lutando para respirar. Eu tinha esperanças e orei muito para que ela se fosse no meio da noite e eu não tivesse que chamar o veterinário para sacrificá-la. Eu disse "Deus, me ajude!". Além disso, dei a ela um pouco de morfina, algo que deveria ter causado uma overdose, mas que só a fez dormir e depois acordar. Eu só queria que ela não morresse infeliz e assustada. Só isso.

Está escuro, e Jeanie morreu, infeliz e assustada.

Quando o veterinário chegou, tentamos, gentilmente, tirá-la de trás do sofá, mas ela enlouqueceu, e os dez minutos seguintes foram tão terríveis que prefiro não descrevê-los. Basta dizer que ela não foi embora com tranquilidade, em meio a um sono profundo e sereno. Foi de partir o coração. Mas ela vinha sofrendo, e agora isso acabou. Ela recebeu um amor enorme de minha família. Era uma gatinha orgulhosa, um modelo real de desdém, com uma pitada de afeição relutante pela maioria das pessoas e pura adoração por mim.

Minha oração foi atendida? Sim, embora a forma dela de morrer não tenha sido a que eu esperava e pela qual tinha orado. Será que estou muito ansiosa por ter feito a coisa errada? É claro que sim. Triste? Imensamente. Mas Jeanie acertou na loteria quando me elegeu como dona durante 13 anos, e o processo doloroso de morte só durou dez minutos. Portanto, retomemos a nossa conversa.

Existem várias orações no mundo, algumas mais conhecidas do que outras. A Oração da Serenidade é uma das preces institucionalizadas mais famosas do mundo. A versão mais conhecida diz: "Concede-me, Senhor, a serenidade necessária para aceitar as coisas que não posso mudar, coragem para modificar as que eu posso e sabedoria para distinguir umas das outras." Um amigo diz que as três coisas que uma pessoa não pode mudar são o passado, a verdade e ela mesma. Eu detesto essa visão. Quando eu faço essa oração para Deus, por experiência própria sei que estou dizendo para a pessoa dentro de mim que preciso governar a mim mesma. É uma oração, que de certa forma, surte o mesmo efeito sobre o meu eu criativo que a rotina de sentar à minha escrivaninha, à mesma hora, todos os dias: alertar meu subconsciente de que está na hora de entrar em ação. É como se um pequeno relógio dissesse: "Nossa, já são nove horas?" A oração me dá um lembrete.

Quando os sintomas do Mal de Alzheimer de minha mãe chegaram a um ponto em que foi necessário tirá-la de seu apartamento, onde ela recebia assistência domiciliar, sempre na amável companhia de um gato do Himalaia terrivelmente hostil chamado Baby, eu orei para Deus com certo grau de hostilidade: "Não dava para o Senhor deixá-la morrer na própria cama, durante a noite, com o Baby ao lado? E depois fazer aquele gato gordo ter um ataque e ir embora? Isso iria tirar algum pedaço do Senhor?"

No final, eu suplicava: "Por favor, não me obrigue a tirar o gato dos braços dela... Se o Senhor puder fazer *só isso...*" Mas, um dia, foi preciso. Chegou a hora. Eu orei: "Por favor, faça alguma coisa." E menti para minha mãe. Ela estava sentada na cadeira de rodas, sorrindo para mim. Eu lhe disse que seu adorado médico queria que ela fosse fazer fisioterapia durante uma semana ou duas, até que seu equilíbrio melhorasse. Tirei o gato de seus braços e disse, com entusiasmo: "Te vejo daqui a uma semana, Baby."

Minha mãe precisava ficar internada. Essa era a

sua realidade. O gato não podia ir junto. Foi horrível? Foi. Meu pedido permaneceu sem resposta? Sim. Foi doloroso? Foi. Minha mãe ficou em um lugar agradável, com enfermeiras e cuidados excelentes, aonde íamos visitá-la, reconfortá-la, fazê-la rir, ler para ela e levar seus petiscos prediletos? Ficou. Essa experiência de oração perdeu a beleza porque envolveu algo que não foi atendido? Não para mim.

Existe uma oração famosa de Thomas Merton que começa assim: "Senhor, meu Deus, não sei para onde vou. Não vejo o caminho diante de mim." Você pode procurar o resto na internet.

Existe uma bela oração que a mãe judia de uma amiga escreveu para mim e que eu sigo à risca:

Peço ajuda para os doentes e os famintos,
um lar para os que não têm teto,
paz no mundo para sempre.
É essa a minha oração, Senhor. Amém.

Eu escrevi uma que serve para emergências:

Oi, Deus.
Estou péssima.

Não tem mais jeito.
Só para variar.
Eu estaria de saco cheio de mim se eu fosse Você,
mas, milagrosamente, Você não está.
Eu sei que não tenho controle sobre a vida dos
outros e isso me deixa furiosa.
Entretanto, acredito que, se eu
aceitar isso e me entregar, Você virá ao meu
encontro
onde quer que eu esteja.
Será possível?
Podemos marcar um encontro essa tarde, lá pelas
duas, só nós dois?
Desde já eu agradeço por Sua companhia e suas
bênçãos.
Você nunca me deixou na mão.
Amém.

Um amigo meu que é sacerdote, e que passa tempo demais às voltas com o Antigo Testamento, diz que em *todas* as orações deveria haver uma parte que demonstrasse a esperança de que os filhos de nossos inimigos acabassem morando nas ruas.

As lindas orações já prontas – como a de Thomas

Merton, o Pai-Nosso e o Salmo 23 – já me salvaram inúmeras vezes. Mas elas são muito específicas, o que há de melhor em termos de orações. Eu as uso quando tenho esperteza suficiente para: a) lembrar-me de que elas existem; e b) alcançar um estado de confiança. Mas isso só acontece durante aproximadamente sete por cento do meu tempo.

A maioria das orações boas e honestas me faz reparar que eu não controlo as coisas, que não posso consertar nada e que eu me abro para ser ajudada por algo, alguma força, alguns amigos, por *alguma coisa*. Elas dizem: "Querido Alguma Coisa, eu não sei o que estou fazendo. Não posso ver para onde vou. Estou ficando cada vez mais perdida, mais assustada, mais esmagada. Socorro!"

Essas orações reconhecem que eu não tenho rumo, mas que alguém tem. Enquanto eu estiver meio perdida, vou orar para ter disposição de buscar a verdade. É como a velha adivinhação: Qual é a diferença entre você e Deus? Deus nunca pensa que Ele é você.

Uma ferramenta simples para mergulhar na oração, que uso há 25 anos, é uma caixa de Deus. Já usei todos os tipos de recipientes: uma caixa para pílulas, o porta-luvas do meu carro, caixinhas decorativas que ganhei de amigos. Foi a melhor solução que encontrei. Em um papel, escrevo o nome da pessoa com quem estou aborrecida ou descrevo a situação que está me matando e me deixando loucamente obcecada. Dobro o papel, coloco na caixa e a fecho. Faço uma oração curta que diz mais ou menos assim: "Aqui está. Você se acha muito bom? Tudo bem. Deixo em Suas mãos, embora eu tenha mais algumas ideias excelentes sobre a melhor forma de resolver isso. Então, eu concordo em não tocar no assunto até ser chamada.

A motivação para fazer uma coisa tão infantil vem da dor de não ser capaz de me desapegar de algo. Vem da constatação de que estou loucamente obcecada. A dor nos ensina muitas coisas. Através da dor, aprendemos que algumas coisas que pensávamos serem castelos eram, na verdade, prisões. Queremos desesperadamente sair dali, e não conseguimos encontrar a porta de saída mesmo que as tenhamos construído. Pedindo ajuda a Deus sobre que direção tomar, talvez você tenha um momento de intuição e consiga dar um passo na direção certa.

A resposta provavelmente não virá diretamente de Deus, no sentido de você ouvir uma voz profunda e paternal ou enxergar algo escrito no céu. Ela virá em um e-mail, numa ligação recebida ou numa palavra dita. Infelizmente, talvez não seja hoje à noite nem amanhã de manhã, mas você terá uma resposta. Você saberá reconhecê-la.

Quando achamos que podemos fazer tudo sozinhos – consertar, salvar, comprar ou fixar uma data para alcançar uma meta –, não tem jeito. Agindo assim, metemos os pés pelas mãos, perdemos a lucidez, ficamos vazios.

Ou podemos reunir coragem e fé infantis e enfiar um papel com uma mensagem em uma caixinha, na esperança de ver mais claramente e saber o que fazer.

Agimos assim sem ter ideia do que vai acontecer, de como a situação ficará. Você pode dizer: Está tão difícil agora, e estou com tanta raiva, tão triste e nervoso que acho que vou desistir. Aceitarei o que quer que aconteça.

Talvez, depois de colocar uma mensagem na caixa de Deus, você fique um pouco hesitante e, nessa manifestação divina, consiga respirar de novo. Nesse caso, já estará na metade do caminho. Em muitos casos, a única coisa de que você precisa é respirar. Respirar é o espírito santo. Respirar é viver. É oxigênio. E o que pode lhe oferecer algum descanso. Você deve estar exausto.

Com uma caixa de Deus, você finalmente estará anunciando ao universo que não é capaz de impor mudanças, que já estragou coisas demais até agora.

Imagine o universo admirado com isso! À reação de grande surpresa cósmica segue-se o gesto de comemoração.

É isso que leva as pessoas a se libertarem da pedra no sapato, pois ter uma pedra no sapato é uma das piores coisas possíveis. Meu amigo sacerdote, Bill Rankin, disse que, através da oração, nós nos libertamos das pedras no sapato e as colocamos nos sapatos de Deus, que é onde elas devem estar. Quando você se encontra em dificuldade, fica se debatendo, indefeso, furioso, como uma criança pequena levantada pelas calças por um garoto maior e cruel. Jesus, quando preso na cruz, pediu ajuda a Deus, que entrou em cada segundo da Paixão, como se fosse um enfermeiro.

Quando você se livra de um problema, ele pode "respirar" outra vez, já que se afasta, rola ladeira abaixo, para longe de você. Ele se separa de você e do seu abraço apertado e suado, do seu bafo de cachorro estagnado, da tortura de ver você dar cambalhotas e de ouvi-lo lamentar-se com: "E se?" ou "Espere, espere, eu tenho mais UMA ideia..."

Você consegue livrar-se da jaula e ir *para o que está acontecendo diante do seu nariz*. Você para de tentar entender, porque isso é exaustivo e enlouquecedor. A tentativa de explicar e antever passa a ser o problema.

Assim, quando pedimos ajuda, verbalmente ou em nosso coração, deixamos de hesitar e não nos sentimos tão desesperançados, a ponto de não podermos sequer andar. Nós nos libertamos da loucura absoluta de tentar ser o nosso próprio poder maior – ou o dos outros.

Podemos nos libertar da insistência nociva que nos faz seguir de qualquer maneira por um caminho que nos parece conveniente, mas que pode, na realidade, nos levar mais para dentro ainda de uma floresta escura. Orar por ajuda significa pedir que Algo nos dê coragem de parar no meio do caminho, exatamente onde estamos, e voltar nossa atenção para o lado oposto ao da confusão criada por nossos problemas. Assim, passamos a focar em algo diferente: nossos pés no chão, nas montanhas de onde vem nosso socorro – em algum outro lugar, alguma outra coisa. Talvez seja uma pequena mudança, mas que pode operar um milagre.

Talvez ele seja um daqueles que deixam seu coração apertado, porque faz você pensar que perdeu. Mas, ao se entregar, você venceu. E se fosse comigo, depois de alguns instantes eu diria: Obrigada.

AGRADECER

"Obrigada" é a abreviação de uma oração que eu costumava repetir para agradecer por qualquer graça inesperada em minha vida: "Muitobrigadamuitobrigadamuitobrigada." À medida que fui me desenvolvendo espiritualmente, a oração tornou-se um formal "Muito Obrigada", e agora, em meio às rugas com que a maturidade me presenteou, passou a ser apenas "Obrigada".

Hoje em dia, como antes, na maioria das vezes a gratidão é uma torrente de alívio por eu ter escapado de uma situação de risco – a polícia rodoviária não me viu quando ultrapassei o limite de velocidade ou meu cachorro não foi atropelado por um carro desgovernado. Ou "Ah, meu Deus, muitobrigadamuitobrigadamuito-brigada porque foi só um sonho/meu filho não se afogou/eu não bebi nem apareci numa festa só de calcinha, com cachos rastafári saltando da cabeça". Esses são Sinais de Alerta de Nível 1, que geram momentos de alívio e gratidão dignos de um agradecimento a Deus.

O segundo e o terceiro níveis da segunda grande oração são ditos exalando o ar com força, expulsando os urros interiores – OBRIGADA, uuuuuuuuuuuufa! Encontrei meu passaporte. Os freios funcionaram. O aumento do número de leucócitos no sangue era por causa de uma alergia, e não de leucemia; o clínico cancelou a consulta com o chefe da oncologia e recomendou um simples Benadryl. Ah, meu Deus: Obrigada.

Como é possível não agradecer depois de momentos como esses, quando um perigo real é afastado? Até os ateus devem concordar. Os agnósticos brincam: "O cara lá de cima deve gostar mesmo de mim", como se falassem do reitor da universidade. Eu, pessoalmente, ponho a mão no peito e grito "Obrigada, meu Deus, obrigada" e me ajoelho e encosto a testa no chão. Em seguida, acrescento: "Estou Lhe devendo uma enorme bênção, e nunca mais vou pedir nada. Dessa vez, é para valer."

É fácil agradecer a Deus pela vida quando as coisas vão bem. Mas a vida é muito maior do que acreditamos, e em grande parte do tempo é mais dura do que gostaríamos. Porém, ao longo dela acontece de tudo. Algumas vezes, ficamos estarrecidos por tanto cansaço, e nossa alma e nossa mente também se espantam, devido a tantas derrotas. Mas essa condição acaba sendo exatamente aquilo de que precisávamos. Qualquer percepção de que algo está diferente leva à chance de fluxo e mudança, o que, muitas vezes, é o melhor que pode nos acontecer.

Ficar chocada e deslumbrada, em vez de tensa, amedrontada e fechada, é um pequeno milagre. Obrigada, meu Deus, muito obrigada.

Nós e a vida somos espetacularmente falhos e complexos. Frequentemente, não conseguimos que as coisas saiam como queremos, e isso me enche de raiva. Mas, em meus momentos de maior sensatez, eu me dou conta de que, se conseguíssemos tudo, estaríamos enganando a nós mesmos. Algumas vezes, as circunstâncias conspiram para nos lembrar, ou pelo menos nos dar um vislumbre, de como é tênue a linha que separa o aqui e o ali, o nascimento e a morte, o humano e o divino. Nós nos maravilhamos quando isso acontece e dizemos: Muito obrigado.

Eu agradeço a Deus quando meus altos e baixos obsessivos são aplacados. Digo por exemplo: "Oh, meu Deus, muito obrigada; dez minutos inteiros se passaram sem um único pensamento em cigarro, bebida ou o deplorável ex-amor." Ou "Enfrentei e superei a terrível consulta médica, a reunião com meu gerente de banco e com o meu advogado: o pior já passou". (Na verdade, você nunca deve dizer, nem sequer pensar, que o pior já passou. Você vai gerar uma energia negativa para si mesmo e logo irá se lamentar. Mas pode afirmar tranquilamente "Poderia ter sido muito pior", que é sempre o caso.)

A gratidão vai desde dizer "Obrigado, meu Deus, eu agradeço pela saúde, por um bom dia de trabalho, pelo florescer das paineiras na beira da estrada", até exclamar "Obrigado, é um imenso alívio a tomografia não ter revelado qualquer problema e não ter chegado um aviso de que eu caí na malha fina do imposto de renda". Agradecer pode ser o reconhecimento por uma pequena bênção recebida ou pela alegria imensa de ter sido poupado. Você repete "Muitobrigadomuitobrigadomuitobrigado: minha mulher vai viver!", "Vamos continuar morando nessa casa!" ou "Encontraram meu filho: ele está ferido, mas está vivo!".

As coisas poderiam ter tomado qualquer outro rumo, mas aconteceram a nosso favor. Poderia ter sido muito, muito pior, mas não foi. Nós vencemos.

E, é claro, a gratidão pode ser por todas as pequenas e grandes alegrias que acontecem todos os dias, bastando ter olhos para ver e sensibilidade para experimentar. Nesses momentos você sabe que alguma coisa – Deus, o destino ou a sorte – sorriu para você de orelha a orelha.

A dor interna pode ser arrasadora e, em geral, nos exaure. São fatos quase impossíveis de digerir: morte de entes queridos, divórcio, velhice, abuso de drogas, filhos com danos cerebrais, violência, senilidade, traição. Quando você passa por essas experiências, tudo é tão terrível e interminável que você pensa em desistir inúmeras vezes. Mas pode haver momentos de graça. De repente, você se surpreende com um segundo fôlego ao descobrir que tem recursos, e recebe força, estímulo e energia para prosseguir, apesar das dificuldades. Por meio de coisas muito comuns, como um livro, uma mensagem, um gesto de apoio, a vida pode ser transformada. Mãos que durante décadas quiseram nos ferir, nos puxar para baixo, nos controlar ou nos mandar embora, agora se estendem em nossa direção de uma maneira diferente. Elas se tornam instrumentos de ternura, ânimo, consideração e esperança.

Em minha igreja, consagrada a Santo André, cantamos um hino de louvor que diz: "Deus sorriu para mim. Ele me libertou." É simplesmente extraordinário reconhecer que fomos libertados de uma dependência tóxica, de uma obsessão, de uma culpa paralisante, ou que recebemos a graça de ter a capacidade de perdoar alguém. Você só saiu de onde estava – paralisado pela ansiedade, diminuído pelo medo – e conquistou a liberdade graças ao amor de Deus. Estava tão perdido que se sentiu sequestrado, mas encontrou a si mesmo, regressou e se colocou de pé: "Oh, meu Deus, Muitobrigadomuitobrigadomuitobrigado. Muito obrigado. Obrigado."

Muitos de nós, religiosos, agradecemos a Deus quando encontramos uma boa vaga para estacionar, achamos as chaves de casa, os óculos, o celular, ou temos uma boa noite de sono. Embora possa ser irritante para algumas pessoas, essa atitude é extraordinária, porque a gratidão se torna um hábito. Você diz "Muito obrigado" depois que algo assustador acontece à sua amada família e todos (ou a maioria) sobrevivem. Quando isso acontece, você se dá conta do que o último conflito familiar o fez descobrir e agradece por essa revelação, pois ela mostra alguma verdade que você precisava conhecer sobre seu casamento, o relacionamento com seus filhos e a respeito de você mesmo.

Você diz "Muito obrigado, Deus, por levantar essa pontinha da cortina e me permitir enxergar a verdade, talvez por apenas um instante, mas de uma forma capaz de mudar para sempre a minha vida". São momentos muito significativos pelos quais temos que ser gratos.

Algumas pessoas descobrem, em determinada idade – algumas mais tarde do que outras –, que a vida se desenrola em ciclos, alguns de alegria, outros de sofrimento, mas não em uma ordem previsível. Assim, você pode ter um período de alegria, seguido de repetidos momentos de dor, o que – e acho que todos concordam – não parece muito justo. Você não é obrigado a gostar de como as coisas acontecem, e sinta-se livre para reclamar. Mas se você já vive neste mundo há algum tempo, sabe que, na maioria das vezes, se for paciente e prestar atenção, vai ver que Deus irá recompor tudo o que foi destruído.

Admito que algumas vezes essa postura de gratidão pode ser meio exagerada. Tantas coisas ruins acontecem na vida de todo mundo! Quando meu filho Sam tinha 7 anos e descobriu que, provavelmente, nós dois não morreríamos ao mesmo tempo, ele começou a chorar e disse: "Se eu soubesse disso, não ia querer ter nascido." Essa verdade absoluta, de que as pessoas que você adora irão morrer, é muito difícil de ser assimilada. Mas, para piorar, o freio de um automóvel não funciona, alguém puxa um gatilho, uma criança é sequestrada, alguém em quem confiamos sucumbe à tentação, e tudo desmorona, ficamos magoados, feridos, sem uma chance razoável de cura. Somos assombrados por nossos fracassos e nossa mortalidade. Mas o mundo continua girando, e, apesar de nossa dor, nossa fúria e nosso medo, algumas poucas pessoas continuam a nos amar e a nos procurar.

É tudo movimento: mudança e estagnação. Coisas terríveis e maravilhosas acontecem, e isso faz parte de um contexto maior.

Nesse contexto, nós sobrevivemos lentamente. Conseguimos criar novos recipientes e cestos para guardar o que restou e o que apareceu depois. Nós nos conectamos – ou reconectamos – a algo rico e bom sobre nós mesmos. E, em algum momento, olhamos para o céu, acima de toda a lama na qual estamos chafurdando, e sussurramos: "Muito obrigado."

Quando alguém compartilha com você uma verdade terrível – sobre o casamento que parecia bem, o trabalho que parecia tão estável, ou uma mente que está começando a falhar –, você deve dizer "Muito obrigado por se abrir comigo; esse é o melhor presente que você pode me dar". Se alguém que você ama consegue ter um novo olhar sobre uma situação de grande dor – por ter sido obrigado a internar o companheiro em uma casa de repouso ou ter visto sua conta bancária, sua aposentadoria e suas esperanças afundarem – e é capaz de enxergar alguma bênção em toda essa desordem, você deve agradecer. Dizer "Muito obrigado" porque, nessa revelação, seja ela banal ou trágica, essa pessoa amada encontrou um caminho que a leva para o bálsamo da gratidão. Um alívio.

A revelação não é para os fracos. Alguns de nós, com nossas pequenas paranoias, achamos que muitas informações e descobertas nos estão sendo ocultadas por colegas, por familiares, pela vida, por Deus – essas que talvez nos salvariam, trazendo-nos a possibilidade de vivenciar a paz e o prazer. Mas, em nossos momentos mais silenciosos, nós nos damos conta de que, se prestarmos muita atenção, veremos quanto está sendo revelado. Nós nos dispersamos demais, preocupados com questões superficiais, com o desejo de passar uma boa impressão para que os outros não saibam da confusão em que nós, nossos companheiros, nossos filhos ou nossas finanças se encontram. Mas, se você se concentrar suavemente no momento presente, verá como a vida prossegue com seus tropeços e de que forma você pode encontrar uma maneira de encarar mais um dia, comum ou difícil. Descobrirá detalhes que estão sendo revelados e que o levarão a um lugar de paz, que é o paraíso, e terá uma história de salvação para contar, como foi o caso de Jesus, que salvou algumas pessoas, ou da serenidade, que sempre salva. Histórias para contar ou ouvir são um medicamento que traz a cura. A Palavra.

Portanto, eu digo "Obrigada", porque a revelação me mostrou coisas deploráveis, das quais eu talvez consiga me desviar, ou coisas terríveis que eu conseguirei ultrapassar com a ajuda da oração e dos amigos. Coisas dolorosas e belas que machucam o coração e que nos tornam mais unidos aos companheiros que caminharam ao nosso lado.

Sem a revelação e a recomposição, a vida parece um infindável deserto cheio de perigos, com areia em nossos sapatos. No entanto, se nos lembrarmos ou formos lembrados de prestar atenção, descobriremos inúmeras fontes ocultas de água em uma erva daninha, em um pedregulho ou no nascer do sol. Existem muitas maneiras de tirar a areia de nossos pés. Portanto, dizemos: "Oh, meu Deus. Obrigado."

Minha pastora, Veronica, afirma que Deus sempre abre uma porta onde não existe saída. Isso significa que, em algum momento, em geral contra todas as expectativas, nós diremos "Obrigado". Bem, Veronica é paga para ter fé, mas até mesmo eu, que *não* sou, sei que isso é verdade. Nem sempre eu acredito, mas sei que é verdade.

Há pouco tempo, fui me encontrar com minhas grandes e maravilhosas amigas Barbara e Susie para uma caminhada, ou melhor, para um passeio sobre rodas, já que Barbara sofre da doença de Lou Gehrig (esclerose lateral amiotrófica). Essa é uma doença que ninguém deveria ter. Mas não é possível evitá-la, e o caso de Barbara é dos mais graves, o que significa que ela usa um andador, sondas para alimentação e um aparelho que fala o que ela digita em seu iPad. Então, Susie nos levou para admirar a vista do oceano Pacífico do alto de uma colina. Eu ainda não havia digerido muito bem os fatos – que Barbara está muito doente e piora a cada dia –, então sentei-me no banco de trás, em um estado de nervosismo jovial, sentindo-me sozinha, impotente e fútil. Quando chegamos, a vista estava coberta pela neblina. Corajosamente, saímos do carro assim mesmo, e para piorar tudo – a doença, a neblina, a minha tristeza agoniante – havia um daqueles ventos horríveis que açoitam o corpo, a mente e a alma, além de fazerem a pele ficar horrorosa. Simplesmente medonho.

Tudo estava dando errado. Não tive outra escolha senão orar. "Tudo isso é um absurdo", eu disse a Deus. "Eu amo tanto essas duas mulheres e tinha tanta esperança de alcançar comunhão e alegria hoje! Me ajude!"

E recebi minha revelação divina: nós precisamos voltar imediatamente para o carro. Isso levou algum tempo, já que nada pode ser feito imediatamente quando se está com alguém que sofre de Lou Gehrig. Mas, em determinado momento, um calor e um sol dourado nos inundaram através das janelas do carro, e, de dentro do carro, enquanto Susie nos levava pelas redondezas, pudemos admirar os lindos jardins repletos de pétalas de todas as cores, espetaculares e exóticas. Encontramos uma vaga perfeita para o carro ao pé de uma escadaria feita de mosaicos, onde pudemos ficar, indefinidamente, olhando tanto para a beleza do desenho encantador dos degraus como para peixes enormes de cores delicadas que nadavam em meio ao azul profundo do mar. No céu havia pássaros, nuvens e um exuberante sol que foi se pondo e dando lugar a uma imensa noite completamente estrelada.

Nós três ficamos muito felizes. Conversamos sobre coisas reais durante uma hora: vida, morte, famílias, sondas de alimentação, fé. Perguntei a Barbara, que não se alimenta mais pela boca, o que a fazia sentir mais gratidão. Ela digitou no iPad e a voz mecânica respondeu: "A beleza da natureza, os pássaros, as flores, a alegria de ter amigos."

Isso é o que pode se chamar de extrema gratidão; ela pode acontecer diante de qualquer coisa que a vida jogue no seu colo.

Fiquei muito feliz e grata por estar com elas naquele dia; eufórica.

A gratidão começa no coração e, em seguida, amolda-se ao comportamento. Quase sempre, ela gera o desejo de colocar-se a serviço dos outros, que é onde mora a felicidade. Isso significa que você está disposto a parar de ser tão autocentrado. Quando você tem consciência de tudo o que lhe foi dado, durante toda a vida ou nos últimos dias dela, é difícil não ter humildade e prazer em retribuir.

O que mais estimula a humildade é entender a dádiva de salvação que as pessoas que o cercam representam em sua vida, tal como as experiências que compartilharam, as colaborações, os nascimentos e as mortes, os divórcios, as reabilitações e as férias, a solidariedade que demonstram uns para com os outros. De vez em quando, você se dá conta de que, sem elas, a vida seria superficial e patética.

Você se admira ao constatar que, de alguma maneira, atraiu essas pessoas para a sua teia há 20, 30 anos, e elas ficaram totalmente presas a você. O mais impressionante é que elas – as melhores do mundo – sentem o mesmo em relação a você, esse ser cheio de defeitos.

Dizem – ou talvez eu tenha dito – que um bom casamento é aquele em que cada cônjuge secretamente acha que teve mais sorte do que o outro, e isso é verdade também para as amizades mais íntimas. Você pode até ficar constrangido com tanta estima e tanto reconhecimento. Que grande conquista pessoas de tão alta qualidade e lealdade acharem que você está ligado estreitamente a elas. Oh, meu Deus. Muito obrigado.

A verdade é que "a quem muito é dado, muito será exigido, e a quem muito foi confiado, mais será solicitado", como disse Jesus. Ele se referia a nós, que recebemos parceiros tão preciosos. Diante desse privilégio, misteriosamente nos sentimos dispostos a catar o lixo nas ruas ou dar passagem para os outros no trânsito. Ou mesmo deixar um louco conversar conosco por mais tempo do que normalmente permitiríamos, colocando de lado a apreensão ou o tédio que sentimos, e realmente prestando atenção.

O padre Gregory Boyle, jesuíta que fundou o Homeboy Industries, um programa que ajuda ex-membros de gangues a reintegrar-se na sociedade, nos lembra que gratidão não tem nada a ver com levantar os braços e orar em voz alta em programas de televisão cristãos. Isso é o que achamos que Deus quer, porque *adoraríamos* ter centenas de pessoas nos aplaudindo e acenando para nós como se os braços delas fossem folhas de palmeira agitadas pelo vento.

Em vez disso, Deus prefere nos ver catando lixo ou ouvindo um doido. Tenho certeza de que Ele se alegra ao nos ver servindo comida para os necessitados ou telefonando para o nosso primo viciado em anfetaminas só para verificar se ele está bem, porque ninguém mais na família conversa com ele. De repente ele é um sujeito que fala demais, muito difícil de lidar, mas que costumava ser divertido nos jantares de família e tem conosco uma história em comum. Por isso, vencemos a resistência, pegamos o telefone, discamos o número e dizemos: "Oi, como vai você?"

Eu realmente acredito que Deus gosta especialmente de nos ver compartilhando aquilo que conseguimos trabalhando com afinco ou puxando conversa com um senhor de idade na fila do caixa, ouvindo suas histórias e contando que nosso avô era muito parecido com ele, mesmo que seja mentira.

Quando você consegue gritar "Graças a Deus", ao encontrar seu filho perdido no shopping ou porque conseguiu parar de beber, isso pode levá-lo a pagar uma refeição para um sem-teto (embora você esteja com pressa, não aprove a postura dele e seu amigo conservador tenha tentado convencê-lo de que os mendigos estão ganhando mais dinheiro do que os trabalhadores).

Ainda é certo amar e admirar Madre Teresa? Podemos nos esquecer por um momento dos que a criticavam para lembrar que, na maioria das manhãs, ela estava nas ruas de Calcutá limpando o traseiro de algum moribundo, sem contar nada a ninguém.

Dizer "Obrigado" reflete uma enorme mudança de pensamento. Deixamos de pensar em Deus como alguém que aprecia demonstrações públicas e cânticos eufóricos, e somos invadidos por um sentimento de gratidão silenciosa, humilde e surpreendente, sem vergonha de termos sido tão abençoados.

Você inspira e expira a gratidão. Quando aprende a fazer isso, é capaz de suportar alguém ou situações insuportáveis. Rumi, meu místico favorito de todas as horas, disse: "Existem centenas de maneiras de se ajoelhar e beijar o chão." E suportar o quase insuportável é uma das melhores.

Quando deixamos de ser impulsivos ou rígidos e nos tornamos gratos, conseguimos experimentar profundamente a graça, pois só através dela podemos parar de sentir o ódio e a presunção que nos aprisionam, para alcançar a liberdade. O mistério está no movimento da graça em nossa vida em direção à liberdade. Então, dizemos apenas "Obrigado". Algo teve que se abrir, algo teve que ceder, e eu não tenho a mínima ideia de como fiz isso acontecer. Mas aconteceu, ou a graça aconteceu.

Muito obrigado.

Com muita frequência, como já afirmaram tantos poetas, salmistas e compositores, uma mudança invisível acontece em meio a adversidades. Pode ser por causa de um fracasso financeiro, um divórcio ou um turbilhão emocional, e não do recebimento do Prêmio Nobel, que eu talvez preferisse: "Este ano o Prêmio Nobel da Humildade vai para..."

Estar em nosso estado mais exasperado, sentir uma raiva imensa ou um ódio desmedido pode criar dor suficiente para nos fazer levantar, sair de casa batendo a porta, pegar o telefone, ajoelhar ou ir a um lugar qualquer. Nós pedimos ajuda. Ligamos para nosso mentor espiritual, para nosso amigo mais gentil ou mesmo para aquele primo viciado em anfetaminas. E, mesmo assim, recebemos a recompensa por ter ligado. O fato de fazer a coisa certa nos tira da lama, dos detritos de nossos pensamentos ilusórios, e nos coloca um pouco mais perto do caminho correto.

Dizer "Obrigado" do fundo do coração leva a um pensamento estranho: o que mais posso doar? Primeiro, fazemos a boa ação, e então vem a percepção de que isso nos completa. O pecado não é frequentar a sex shop da esquina. É o coração insensível, a falta de generosidade e todos os ismos – racismo, sexismo e por aí afora.

Não podemos orar pedindo para sermos mais generosos e resignados. A maioria de nós se parece mais com personagens perversos do que com o Dalai Lama. Eu sei que pareço. E esse é o próprio inferno.

Mas será que existe uma brecha por onde um raio de luz possa entrar, ultrapassar todos os enormes obstáculos mentais, emocionais e culturais?

A resposta para esse impasse é "sim", através da gratidão, e é claro que cabe a mim procurar abrir-me ao máximo para ela.

Uma freira certa vez me disse que sempre implorava a Deus para livrá-la de seus defeitos de caráter. Depois de anos e anos de orações, Deus finalmente respondeu: "Eu não vou tirar nada de você, você é que tem que entregar seus problemas a Mim."

Descobri que preciso orar até para ter disposição de abrir mão das coisas que mais odeio em mim mesma. Preciso pedir ajuda, algumas vezes implorar por ela. Essa é a condição humana. O problema é que eu amo demais a minha própria imundície. Socorro! Então, eu tento ser uma boa pessoa, melhor do que fui ontem ou há uma hora. Procuro não mentir, não agredir alguém verbalmente, não falar mal dos outros. Tento prestar atenção no que me dizem e ser solidária. Sobretudo me esforço para não sentir ou agir como se tivesse mais direitos do que qualquer outra pessoa. Dou lugar na fila, deixo que passem à frente.

Como algo tão simples como deixar que os outros passem à frente, no trânsito ou na fila do supermercado (mesmo que o favorecido não se importe ou perceba), pode ser tão profundo? E isso porque está atrasado, não teve notícias do namorado ou está atento ao mercado de ações. E nem percebe que você o deixou passar à frente.

Ele acha que tem esse direito.

Mas você saberá que cedeu sua vez. E isso pode mudar todo o seu dia, até mesmo toda a sua vida. Quem sabe alguém no carro da pista ao lado, na fila do banco ou no jogo de futebol de seu filho percebe o seu gesto generoso e se sente comovido, animado, estimulado – em outras palavras, ligeiramente mudado para melhor – a fazer o mesmo? Isso provocará um avanço contínuo.

O movimento da graça em direção à gratidão nos faz sair da loucura auto-obsessiva para um despertar espiritual. Gratidão é paz. Talvez nem sempre você consiga deixar de ser um chato que reclama do que está nas manchetes dos jornais e perceba a beleza do dia. Entretanto, em alguns momentos você contempla a natureza com admiração. Neles, você deixa de ser uma pessoa insuportável, que só se queixa da vida, para lembrar-se de dizer: "Eu agradeço, meu Deus, por esse céu azul!" Você se permite gastar um pouco mais e comprar a caixa de bombons que tanto queria. Começa a sentir amor pelo manacá que perfuma e enfeita a sua rua, como se ele fosse um amigo generoso. Na verdade, você se torna capaz de usar novamente a palavra "milagre", até mesmo de senti-la, sem medo de que intelectuais ou amigos ateus zombem de você.

Hoje de manhã, quando acordei, às seis horas, a solidão estava pesando demais em meu peito. Eu orei: "Deus, por favor, me ajude. Estou triste e sozinha, e já vi que terei um longo dia. Então, fiz uma gentileza para comigo mesma, como se quisesse ajudar uma amiga angustiada: esquentei leite, misturei com café e o tomei bem devagar. Em seguida, levei meus cachorros para um breve passeio nas montanhas. A fêmea, Lily, está ficando velha, e embora eu queira acreditar que ela vai viver para sempre, temos que fazer caminhadas mais lentas. Os passeios se tornaram mais curtos e mais calmos do que antes, mas é claro que continuam sendo deliciosos.

Caminhamos no sopé do Monte Tamalpais, que se eleva acima de nós, sereno, com suas linhas sinuosas descendo em direção ao mar. Eu me lembro das caminhadas que fazia aqui e de quando encontrei Lily, então um filhote repleto de carrapatos. Ao tornar-se adulta, ela se movia agitadamente durante um tempo, mas depois fazia uma pausa para olhar, com toda a nobreza, para aquele cenário, como se fosse um cachorro de cinema – tipo a Lassie em seus melhores papéis. Lily estava mancando quando chegamos aqui hoje, mas, em vez de fazer um calor suave para acalmar suas juntas, ventava.

Outra ventania detestável. Eu odeio demais quando venta. Fico me sentindo sem esperança, mesmo diante de uma beleza deslumbrante.

Então, orei: "Ajude-me a não ser tão boba." (Essa é, na verdade, a quarta grande oração, que, quem sabe, comentaremos em alguma outra ocasião.)

Depois de alguns minutos, percebi algo: por causa do vento, a atmosfera ficou livre de partículas e tornou-se nítida e clara. Passado um tempo, o vento havia soprado para longe grande parte da minha tristeza e me fez rir, pois nossas montanhas verdes e felpudas pareciam uma pintura francesa do século XIX. Maravilhoso!

O aroma da primavera era tão suave quanto a bondade, puro e natural, misturado aos cheiros de terra e grama, com um toque daquele perfume de flores silvestres que as mulheres de antigamente usavam. Olhei para o desfiladeiro arborizado do Monte Tamalpais e gritei:

"Muito obrigada, Mamãe", pouco me importando se alguém ia aparecer e me ouvir. Mas ninguém apareceu, e eu me sentei com os cães. O vento acariciava meu rosto. Inúmeros pássaros estavam pousados na grama. Sentei-me no chão por tanto tempo que os cachorros adormeceram naquele morno carpete de terra.

ADMIRAR

A terceira grande oração, Admirar, costuma ser feita quando estamos diante de uma visão deslumbrante, de uma cena chocante ou surpreendente ou quando ficamos extasiados por qualquer que seja o motivo. Exclamamos "Uau!" com a voz ofegante, incapazes de expressar de outra maneira nosso encantamento. Nesses momentos de admiração, nós nos tornamos inteiramente conscientes e presentes. Ficamos atordoados e com a respiração suspensa diante do nascimento de uma criança, da imagem das torres do World Trade Center sendo atingidas, ou quando contemplamos pela primeira vez um fiorde ao amanhecer. Dizemos "Uau" quando a mente se deixa levar por aquilo que é fascinante ou milagroso: as veias de uma folha, o canto dos pássaros, a erupção de um vulcão.

Muitas pessoas acreditam que a interjeição "Uau" vem da língua escocesa. Robert Burns a usou em um poema, em 1791, "Tam o'Shanter": "E Uau! Tam viu algo incrível!" Você exclama "Uau!" quando, por exemplo, prova algo muito gostoso. Uma criança diz "Uau!" quando vê o mar pela primeira vez. O adolescente, quando ganha um carro de segunda mão ao entrar na faculdade.

Quando ficamos estupefatos com um lugar e não temos palavras para descrevê-lo é sinal de que, finalmente, estamos começando a progredir. É muito mais confortável pensar que sabemos o significado de tudo e que temos um nome para cada coisa. É também um indício de que um aspecto da vida nos comove a ponto de não conseguirmos reduzi-lo a um tamanho possível para ser arquivado com cuidado. Quando isso acontece, a única reação que conseguimos ter é dizer "Uau!". Admirar-se é uma oração.

Há várias formas de admirar-se e existem muitos níveis de encantamento. Os menos intensos ocorrem quando deparamos com algo simples, mas que nos proporciona muito mais do que esperávamos. Por exemplo, se você se deita sobre lençóis limpos, cheirosos e macios, depois de um longo e penoso dia de trabalho, você se sente protegido. Está sendo envolvido de alto a baixo, sem nada que o arranhe ou incomode. Nossa! Você nunca poderia imaginar a felicidade e o bem-estar que sentiria quando teve a ideia de trocar os lençóis da cama.

O algodão parece uma pele fresca e suave.

Esse tipo de reação também acontece quando vemos uma criança dar um belo mergulho em uma piscina ou vemos um manto de papoulas que se formou sobre um campo que fora destruído pelo fogo no último verão.

E também há os mais intensos. Reservas florestais. Fogos de artifício. Observar o nascimento dos filhotes da sua cadela. Você se lembra da primeira vez, quando tinha 5 anos, em que conseguiu ter uma vaga ideia do tamanho dos dinossauros, tentando compreender como um brontossauro podia medir mais de 20 metros de comprimento? E como seriam gigantescos os pés desses animais? Depois, quando estudou mais sobre eles, descobriu que desapareceram. E você viu desenhos deles, com suas famílias, percebendo que eles se contorciam e se agitavam com seus filhotes, os mais bonzinhos mordiscando as folhas mais altas das árvores, como se fossem girafas gigantescas. E, então, eles sumiram. Quando você é criança, o máximo de conhecimento científico que consegue ter é saber que aquelas enormes criaturas perambulavam pela Terra e agora são fósseis. Tudo o que existe, inclusive o seu avô, aparece, perambula pela

Terra durante algum tempo e, em seguida, desaparece. Uau.

E nem vamos falar sobre os planetas. É aí que tudo se torna muito ameaçador, não apenas pelo fato de haver outros planetas, o que já é assustador, mas pela descoberta de que existem outros sóis – não alguns poucos, mas *dúzias*. Isso não faz muito sentido para uma criança, parece um pesadelo. Não, isso não pode ser verdade, é demais. Então, somos informados de que há *centenas* de outros sóis, na verdade, *milhares*. Se é difícil digerir esse fato aos 7 anos, imagine quando se descobre que existem milhares de outros universos. Isso é terrível, pior do que descobrir que nossos pais fazem sexo (ou, pelo menos, fizeram três vezes, para conceber você e seus dois irmãos).

A única notícia boa é que, de alguma forma, viemos parar no único planeta onde alguém inventou o jogo Banco Imobiliário e biscoitos de chocolate recheados. Descobrimos que há milhões de outras galáxias, mas também os garotos e as garotas, depois, melhor ainda, cerveja e *rock and roll*. As coisas começam a melhorar. Você pode até achar que esse minúsculo planeta tem algum valor. É nesse momento que Uau significa *Ufa*.

Há filmes marcantes, de cujas cenas e músicas jamais nos esquecemos. Para mim, foi *Elvira Madigan*, a que assisti aos 13 anos com minha melhor amiga, quando ficamos extasiadas por duas horas. As pessoas o desqualificam dizendo coisas do tipo "Ah, parece um comercial de xampu", ao que eu retruco "Parem de tentar corrigir minhas lembranças!". Eu também amo o Concerto para piano nº 21, de Mozart. Sinto muito se você não vibra com ele. Quando o ouvi pela primeira vez, a experiência foi tão romântica e bela que me deixou perplexa e assombrada, e exclamei, com lágrimas escorrendo dos olhos: "Oh, meu Deus!"

Eu disse o mesmo repetidas vezes no dia que conheci Nova York e quando vi vários golfinhos numa baía no México. E também em minha casa, quando um amigo da família, de 80 anos, recitou "A Canção de amor de J. Alfred Prufrock", de T.S. Elliot, durante uma noite de muito vinho com vinte velhos amigos. Aquela cena marcou profundamente meu coração.

As pessoas contam histórias sobre mistérios tão assombrosos e deslealdades tão surpreendentes que nunca esquecemos. Há dez ou 15 anos, minha amiga Neshama contou-me o que vivera certa noite de Lua cheia quando estava no México: no centro da cidade havia uma praça de touros, com pessoas violentas bebendo cerveja, fazendo muito barulho, além dos touros correndo e levantando poeira, música muito alta e comida por toda parte. Quatro quarteirões adiante, no jardim de uma casa, uma família tentava puxar um enorme encerado preto para criar alguma privacidade. Entretanto, pelas frestas, era possível ver que, no jardim, havia centenas de coroas e vasos de flores, centenas de velas acesas e um caixão de madeira com um corpo dentro. Várias pessoas estavam espalhadas pelo jardim e ao redor do caixão, e cadeiras iam sendo colocadas, pois todas pretendiam passar a noite ali, na presença do morto e de suas lembranças.

Eu me lembro perfeitamente do rosto de Neshama quando ela me contou a história, perplexa com a balbúrdia da tourada, e com os olhos reluzentes ao descrever as velas e as flores, a maioria calêndulas, cujas pétalas amarelas simbolizam o sol que ilumina o caminho pelo qual a alma do morto poderá voltar para os vivos.

No hemisfério norte, a primavera é a maior razão para nos admirarmos. Essa estação simboliza esperança, beleza e glória. Ela é ressurreição. E é expressa nas palavras de Gerard Manley Hopkins: "O mundo está repleto da grandeza de Deus./Vai chamejar chispas em folhas de metal tremeluzentes". Eu li Hopkins pela primeira vez no oitavo ano, quando também li Langston Hughes. Por causa dos dois, nunca mais fui a mesma.

A poesia é a língua oficial do mundo do Uau.

Botões se abrindo e flores desabrochando, grama verde brilhante, o céu azul, ninhos repletos de filhotes. Tudo isso causa admiração. Para onde você olhe, vê casais apaixonados, e o ar está saturado de perfume. Pétalas flutuam e caem lentamente pelo ar, e há algo tão lânguido que é impossível deixar de deleitar-se com a beleza.

O outono também tem suas belezas. As cores são como a de brócolis, fogo e pelo de raposa. Os odores fortes são de maçã e fumaça de madeira queimada. A deterioração tem um aroma leve de uvas, de fermentação, de um elemento sendo mudado quimicamente ao entrar em contato com outro. O ar é úmido, você dorme aconchegado debaixo de dois deliciosos cobertores em um quarto frio e pode usar seus suéteres favoritos.

Na primavera, nós nos expandimos. O verde ganha tons exuberantes, há cores vivas de todos os matizes no ambiente, o renascer da delicada alma em crescimento. No outono, nós nos encolhemos, nos recolhemos em nós mesmos, pois começa a escurecer e as chuvas começam a chegar.

A natureza castiga no inverno, e é nessa estação que morrem mais pessoas. Os pobres passam frio e fome. É impressionante constatar como a natureza e a pobreza podem ser cruéis. Você quase desvia o olhar de quem está em condições ruins, e muitos desviam de fato. Testemunhamos a brutalidade da vida e da natureza, e também daquilo que está dentro de nós. Eu não gosto de ver isso. Não me faz bem.

Nós tentamos resistir à melancolia, mas então uma enorme encosta coberta de neve desaba em cima de milhares de pessoas. A vida é feita de erupções e espasmos, exatamente como acontece em nossa família. Se o seu coração estiver desprotegido, esses traumas o derrubarão. Mas, contra todas as expectativas, algo emerge dos destroços de nosso coração: coletamos doações para famílias desabrigadas, para crianças afetadas pela miséria, para mineiros presos a mais de 60 metros de profundidade.

O amor derrama-se sobre a terra, levanta-se do chão e espalha-se entre os aflitos. O amor coloca as pessoas novamente de pé. Corpos e almas são alimentados. Ossos e vidas são curados. A relva brota do solo carbonizado. O sol nasce a cada manhã.

O que podemos fazer além de nos maravilharmos quando estamos diante de obras de arte gloriosas, de música tão magnífica que parece ter origem divina? O espanto nos deixa quase sem respirar e abre lugar para um sopro de ar novo. A expressão "é de tirar o fôlego" define bem essa condição. Somos indivíduos no tempo e no espaço, e frequentemente, quando nos vemos gravemente perdidos, nos encontramos, miraculosamente, na arte.

Nela sentimos o sopro do invisível, do eterno – que Elie Wiesel descreveu em *A noite* como "aquele momento em que a pergunta e a resposta se tornariam UM". O ser humano presenciou muitos horrores, por exemplo, durante o holocausto, conseguindo criar bastante beleza, verdade e silêncio a partir de tudo aquilo. Na pintura, na poesia, na música e na escultura nós sentimos a indefinível energia que se move, o tempo todo, através de nós, vinda do ar e do chão, e que costuma dispersar-se e tornar-se caótica por causa de nossas constantes agitação, distração e melancolia. Os artistas a canalizam, a capturam, a tornam visível para o restante de nós. As melhores obras de arte são como os semáforos de nossa experiência, sinalizando aquilo que não sabíamos que era verdade, mas que agora sabemos.

Nos museus, quando contemplamos algo grandioso emoldurado, com genialidade explodindo em paixão, disciplina e possível loucura, ficamos boquiabertos. Por um instante, enxergamos além do que é confuso, misterioso, maravilhoso e feio. Em vez disso, quando examinamos criteriosamente, vislumbramos vida, beleza, dor, maldade, amor e verdade. A arte não nos deixa ignorar a verdade de que a Vida desabrocha e floresce, consome, apodrece, fulgura e resvala, e que de a eternidade está em uma folha de grama. A banda Jethro Tull canta que o mesmo Deus que fez os gatinhos também criou as cobras. Nós ficamos sem palavras, em total admiração diante de um Monet ou de um Da Vinci, da Esfinge do Egito ou do Davi de Michelangelo. A admiração é o motivo pelo qual estamos aqui. E é esse estado que dá origem à terceira oração.

Assistir a um número de dança de Fred Astaire ou Pina Bausch, uma comunhão de energias e movimentos, é contemplar o sagrado. Vemos de onde tudo vem e por onde tudo passa – infância e morte, o glorioso, o gracioso, o imediato, o brutal, o sublime e o torpe. Vemos na arte apenas um instante no tempo, e isso é sagrado.

Minha pastora, Veronica, vive dizendo que Deus sempre abre uma porta onde não existe saída. Na nossa vida, de vez em quando algo terrível acontece, e eu acho que é nessas ocasiões que Deus põe mãos a obra. Por exemplo, num acidente, uma criança morre e seu jovem pai fica paralítico. Nada pode consertar o que aconteceu. É terrível como um pesadelo. Mas o tempo passa. As pessoas persistem e, em algum momento, a primeira folha de grama nasce em plena calçada.

A interjeição "Uau" é a expressão máxima do êxtase. Por isso, as palavras "Uau" e "admiração" estão sempre ligadas. Até mesmo, ou talvez especialmente, quando não cooperamos, a energia necessária – o sopro, a glória, a bondade de Deus – para proferi-la nos é *oferecida.*

Basta prestar atenção para constatar que coisas maravilhosas e inesperadas acontecem em nossa vida: uma manga suculenta, um neto que começa a andar, uma sonata de Bach, a Lua surgindo. Quanto menores são nossas expectativas, mais frequentemente essas coisas acontecem. Se você diz "Bem, isso é exatamente o que eu esperava ver", está em má situação. Se eu fosse você, oraria: "Por favor, me ajude!" Objetos, paisagens e revelações arrebatadoras aparecem em nossa vida o tempo todo. Tenha certeza disso. Muita coisa nos é dada. Só precisamos nos abrir para enxergá-las e senti-las.

Algumas vezes – ah, muito raramente – eu resisto em me abrir para receber a generosidade de Deus, porque estou muito ocupada com algum trabalho, correndo para não perder a hora ou tentando livrar-me de algum desconforto e pedindo a Deus para me ajudar. Mas Ele não se deixa manipular desse jeito. Ele nos dá muito mais do que pedimos, ainda que não percebamos de imediato. Deus simplesmente dá a nós, a você e a mim. Olhe bem para nós! Não é incrível?

Deus continua a dar, a perdoar e a nos convidar para regressar e recomeçar. Meu amigo Tom diz que isso é um absurdo, e que Deus não tem bom-senso. Deus nunca diz: "Agora chega! Você já fez a mesma coisa quatro vezes e não deu certo. Que teimosia!" Precisamos recomeçar quantas vezes forem necessárias. Eventualmente a vida muda rapidamente, mas, em geral, vai bem devagar.

E isso é algo que eu odeio, pois prefiro mudanças rápidas e notáveis, desde que sejam para melhor. Mas, infelizmente, a imensa maioria de nós não vive um Pentecostes, como os apóstolos. Nunca ouvi falar de línguas de fogo aparecendo sobre a cabeça das pessoas e arremessando-as, num passe de mágica, para uma nova dimensão. Isso de fato seria maravilhoso, mas na realidade não é assim que acontece.

Quando nos acomodamos em nossas prisões, onde é confortável e seguro, morremos ali mesmo, estagnados. Se você só quiser conhecer o que já conhece, talvez não perceba, mas está perdendo a vontade de viver. É o mesmo que dizer: "Me deixe em paz, esse buraco de rato não me incomoda. É quente e seco. Na verdade, estou muito bem nele."

Quando nada de novo é capaz de entrar em nós, é porque estamos mortos. Se o oxigênio não consegue chegar, você morre. Eu concordo que o novo é assustador e pode ser decepcionante e confuso – antes disso nós já tínhamos compreendido tudo, e agora não entendemos mais nada.

Mas pode ter certeza: o novo é vida.

Se for como eu, você gostaria de entender e descrever melhor a vida. Assim, seria possível controlá-la e, quem sabe, tirar algum lucro ou alguma vantagem. Mas isso seria a morte. No entanto, quando percebe que saiu da zona de conforto e está procurando ultrapassar os limites e barreiras, você fica admirado. Como quem não quer nada, você entra no supermercado para comprar uma bela barra de chocolate com amêndoas, devorá-la, entrar em transe e mudar de humor. Então você se lembra da primeira oração, da que pede socorro, porque você não quer sentir culpa, nem engordar. E, de repente, você para, muda de ideia, sai de onde está, atravessa a rua e vai à loja de alimentos naturais comprar uma caixa de ameixas, porque a resposta à sua oração fez você descobrir que não está com fome de comida, mas de paz de espírito. Você não quer cacau, mas segurança, um momento em que a rede da vida resista, e você é invadido pela sensação maravilhosa de que há harmonia no mundo.

Então, você come uma ameixa bem devagar, saboreando sua doçura e sua leve resistência, e, depois de lamber o suco que ficou em seus dedos, diz: "Nossa! Essa ameixa tem gosto das manhãs de verão de quando eu tinha mais ou menos 7 anos e ia com minha mãe à feira, segurando sua mão, e os feirantes me ofereciam frutas. Uau! As ameixas tinham o sabor de um néctar doce e roxo, um pouco azedo ao redor da semente que eu chupava antes de cuspir. Essa ameixa tem gosto de infância."

AMÉM

A maioria de nós termina as orações com um "Amém", a resposta padrão às orações na sinagoga, na igreja e na mesquita. A palavra significa "Assim seja" ou "Certamente".

Ora, isso é muito interessante, mas o que exatamente quer dizer esse "assim"? Assim *como*? Quem diz "Amém" são pessoas que oram, não Deus. Somos nós, os sofredores e desesperados, elevando o que temos de esperança, ódio, gratidão, medo e vergonha, enquanto pensamos: "Tomara que estejamos certos sobre esse negócio de Deus."

Alguém tem um bebê, ou é assaltado, ou rouba um dinheiro, ou encontra o ser amado, ou consegue se salvar, e tudo se resolve, ou tudo cai por terra. Durante esse processo, nós oramos. "Por favor, me ajude, me ajude, me ajude. Muito obrigado. Uau. Amém..." E então, duas horas ou dois dias depois, "Me ajude". Nós somos salvos por lembranças de amor e beleza – quem sabe pode haver mais se eu continuar seguindo em frente. Ou então acontece de nos deprimirmos com nossos fracassos e nossa mortalidade, quando imploramos para não acabarmos de novo nessa escuridão. Nesses casos, dizemos "Amém". A vida é movimento, mudança, estagnação, florescimento; às vezes nada acontece, ou coisas terríveis ocorrem, e quando algo belo acontece, dizemos "Amém". Quando pensamos que tudo voltou ao seu devido lugar, uma onda traiçoeira leva tudo embora ou deposita na praia uma reluzente concha alaranjada, algo que buscamos durante toda a vida ou um belo pedaço de osso de baleia fossilizado, com desenhos que lembram um favo de mel, e nós ficamos maravilhados. E isso durante algum tempo, para depois voltarmos à nossa rotina.

Certamente.

O valor do Amém depende da atitude que o acompanha. Se você está querendo ir embora depressa só para poder verificar suas mensagens no celular, está perdendo a chance de passar momentos tranquilos com Deus e de se dar conta de alguns sentimentos de alegria e compaixão. Seguindo a lógica de Samuel Beckett, que nos estimulou a fracassar de novo, e fracassar melhor, nós tentamos orar outra vez, e orar melhor, por um tempo um pouco mais longo, com um pouco mais de honestidade, respirando mais, com maior profundidade e atenção.

Respirar silenciosa e profundamente depois de qualquer oração é outra forma de dizer "Amém".

Nós oramos sem saber ao certo para quem dirigimos nossas palavras. Oramos sem ter certeza do que estamos pedindo. Oramos sem saber direito como orar. Alguns cristãos, convencidos de que são donos da verdade, dizem que Jesus nos deu instruções exatas sobre como fazer nossas preces: por meio do Pai-Nosso. Não é ótimo? Muito obrigada, cristãos. Eu adoraria ter essa ou qualquer outra certeza.

As palavras mais úteis que ouvi sobre oração foram ditas por Matisse: "Eu não sei se acredito em Deus. Acho que sou uma espécie de budista. Mas o essencial é colocar-se em um estado de espírito próximo ao que deve ser alcançado para se fazer uma oração."

Talvez então nós possamos abaixar nossas cabeças, fechar os olhos e deixar o queixo cair sobre o peito, ou levantar as mãos com as palmas para cima; nos ajoelhar, no auge do desespero, e gritar como loucos "Deus, me ajude!"; ou, quem sabe, nos sentar em silêncio, em algum local sagrado, os cotovelos tocando os de quem estiver ao nosso lado, e, em espírito de oração, dizer: "Deus, escute as nossas orações."

Muitas manhãs, eu e Shelley, minha amiga há 50 anos, fazemos caminhadas e corremos até o topo de um grande contraforte. Ao avistarmos o pico do Monte Tamalpais, gritamos "Olá, Mamãe", e Shelley faz uma dança indígena e uma reverência. Essa é nossa oração.

Eu amo orar na praia, admirando as ondas arrebentarem. Minha oração nesses momentos é "Oh, meu Deus, oh, meu Deus". Eu tento não dar ênfase à parte em que digo as palavras "meu" e "Deus". O que importa é o "Oh", a expulsão do ar dos pulmões, aquele impactante choque que acontece quando tomamos consciência de que somos minúsculas moléculas de um todo perfeito.

A maré sobe e varre nossos castelos de areia da infância, e esse processo é doloroso. Uma onda derruba nosso pai e as costas dele ficam gravemente machucadas. Oramos para podermos consolá-lo e para termos coragem de deixar as pessoas experimentarem os próprios sentimentos. Respiramos e oramos para ficarmos em silêncio enquanto as pessoas encontram os seus caminhos. (Bem, pelo menos tentamos.) Oramos para permanecermos calmos quando a terra treme e explode. O universo está sempre sofrendo espasmos e erupções. É um trabalho de parto. É assim que as coisas nascem. Nosso papel é ajudar.

Eu oro para não ser uma pessoa que vive resmungando e é obcecada por si mesma, e agradeço por não ser tão má quanto costumava ser (isso é um milagre). Então, algo acontece, eu fico muito alterada, culpo os outros, fico irritada e parece que não fiz qualquer progresso. Depois, percebo que consigo me recuperar mais depressa, e apertar o botão de reiniciar muito mais cedo do que costumava. Sacudo então a poeira e recobro o meu senso de humor. Uma das coisas mais lindas que podemos testemunhar é constatar que nós e aqueles a quem amamos ficamos mais iluminados com o passar dos anos. Papai brincalhão e *atento*? É como se aqui fosse o santuário de Lourdes.

Eu oro para uma mudança de percepção que me deixe enxergar realidades maiores e mais doces. Meu amigo Mason, um rapaz de 15 anos que tem um câncer cerebral, sofreu um grave sangramento há cerca de um ano. Ficou em coma e passou vários meses em completo silêncio, o que deixou todos – mas não a sua mãe – convencidos de que ele sofrera um dano cerebral.

Certo dia, a mãe de Mason me enviou um e-mail com um vídeo chamado *Mason cantando*, em que ele aparece no hospital de reabilitação, no Texas. Meu coração acelerou. O irmão o filmara durante a musicoterapia, sentado em uma cadeira de rodas, entre a mãe e a terapeuta que tocava "Ele tem o mundo em Suas mãos". Ao final de cada verso, Mason fazia um som parecido com o da palavra "mãos", e todos comemoravam. Eu lamentei por dentro, pois imaginara que ia ver algo muito diferente, muito melhor.

Mais tarde, naquela mesma manhã, subi até o meu lugar de orações. Gritei "Olá, Mamãe". Em seguida, orei para ter mais sabedoria.

Ao voltar ao pé da montanha, eu já estava maravilhada, porque Mason, que ficara em silêncio por tanto tempo, estava cantando.

Existem vários jeitos de cantar. Mason já voltou para a escola.

Nós, que somos religiosos, e até mesmo os que detestam a religião institucional, oramos para ter uma fé mais profunda e uma sensação de unicidade com Deus. Uma vez, eu estava nervosa porque ia viajar para o outro lado do mundo e pedi à minha igreja que orasse. O pastor disse: "No momento em que você estiver no avião, será tarde demais para orações de súplica. Será hora de confiar e se entregar." Confiança e entrega são as duas coisas que eu mais desejo, mas, infelizmente, nenhuma delas é o meu ponto forte. Eu sou boa para reclamar energicamente, e gostaria que esse fosse um dos valores de Deus, mas confiança e entrega? Desapego? Perdão? Talvez eu os assimile depois de um período de orações, mas e quando a raiva passar e a vida real mostrar de novo a sua cara feia? Eu detesto que a vida seja, em geral, como um jogo de tabuleiro, sem garantia alguma de que vamos vencer.

Eu não posso me forçar a ter essas qualidades; por isso, se quiser ser feliz, tenho que orar com mais frequência. Tenho que criar o hábito, do mesmo jeito que faço ao escrever diariamente e usar fio dental.

Eu leio muito sobre pessoas de fé, como elas buscaram união com Deus e abençoaram tudo o que aconteceu em suas vidas. Por exemplo, houve um homem de Deus chamado Pedro Arrupe que foi eleito Superior Geral da Companhia de Jesus, em 1965. Ele era basco e passou muitos anos como missionário no Japão. Estava lá quando a bomba atômica foi jogada sobre Hiroshima. O Japão exerceu uma profunda influência em Arrupe, tanto emocional quanto cultural e espiritual. Em seus últimos anos de vida, ele sofreu uma série de derrames. Logo que eles começaram, Arrupe escreveu em seu diário: "Mais do que nunca, eu me vejo nas mãos de Deus. Isso é o que desejei durante toda a minha vida, desde a juventude. Mas agora há uma diferença. A iniciativa é inteiramente de Deus. É, de fato, uma experiência profundamente espiritual saber e sentir que estou totalmente nas mãos Dele."

Orar para conhecer os cuidados de Deus em primeira mão, sem intermediários, e agradecer por essa dádiva. Saber que as mãos maternais Dele seguram a nossa vida, como se fôssemos um bebê. Isso é tudo o que eu desejo.

Eu costumo pensar no poema de Raymond Carver, "Último fragmento", escrito quando ele tinha 50 anos e transcrito em sua lápide:

E apesar de tudo conseguistes
o que querias desta vida?
Sim.
E o que querias?
Considerar-me amado, sentir-me
amado sobre a terra.

Coisas maravilhosas aparecem em nossas vidas, quase de repente – paisagens da terra e do mar, perdão, atos de compaixão –, e continuam a acontecer. Há tantos panoramas e tantas curas pelas quais agradecer! Apesar de muitas vezes não cooperarmos, as bênçãos voltam para nossas vidas, mesmo após uma tragédia.

As coisas melhoram um pouco quando pedimos ajuda. As pessoas nos apoiam. E o mais incrível de tudo é que elas nos perdoam, e nós, com o tempo, também as perdoamos. Isso sim é um milagre. As crianças acabam ficando bem. A viúva, finalmente, consegue se reerguer. Se você é como eu, pede ajuda ao seu poder maior, e depois, com seus atos, age fazendo surgir mais *necessidade* de ajuda, adiando ou recusando-se a cooperar com as instruções simples que vêm depois das súplicas sinceras. E, mesmo assim, crescimento, graças e bênçãos continuam a lhe ser dados, porque Deus os dá. Esse é o trabalho Dele.

Como assim?

C.S. Lewis escreveu: "Eu oro porque não posso me ajudar. Eu oro porque estou desamparado. Eu oro porque a necessidade flui em mim o tempo todo, dormindo ou acordado. Isso não muda Deus. Isso *me* muda." Eu já ouvi essa passagem em inúmeros sermões, nas mais diferentes igrejas. "Isso *me* muda." Ouvir essa afirmação me deixa menos atemorizada e mais agradecida, menos crítica e mais confiante.

Mais do que qualquer coisa, a oração me ajuda a recuperar meu senso de humor. Ela me traz de volta ao meu próprio coração, tirando-me do traiçoeiro pântano da minha mente. Ela me traz de volta ao agora, ao momento sagrado, seja observando velas que flutuam sobre o Ganges ou me ajoelhando em meu jardim para contemplar o requinte, o desenho, a textura de cada flor, e sentir seu perfume. Amém, amém, amém!

Então eu oro constantemente, entre uma e outra tentativa de viver a vida como ela se apresenta. Me ajude. Obrigada. Uau. Eu termino a maioria das minhas orações com "Amém", antes da minha inevitável reentrada na velha e rotineira vida real, porque, por milhares de anos, tanto os que creem quanto os profetas ensinaram assim.

Então eu faço isso. É extremamente simples.

Você já deve ter ouvido dizer que quando tudo dá errado, é melhor seguir as instruções. Então, nós respiramos, tentamos desacelerar e nos concentrar, procuramos amar e ajudar os filhos de Deus e – o mais difícil, pelo menos para mim – aprendemos a amar a nós mesmos, esses seres ora depressivos, ora engraçados e, na maior parte do tempo, decentes. Damos água a quem tem sede, lemos para as crianças e os velhos, e ouvimos os que estão tristes. Catamos lixo na rua e tentamos fazer do mundo um lugar ligeiramente melhor para a nossa permanência aqui.

Essas são as instruções básicas, às quais só posso acrescentar: "Amém."

Deixe acontecer! É isso aí! Concordo plenamente. Que bom! É de fato ótimo manter contato com Deus através da oração, orar com as pessoas com quem compartilhamos essa jornada e também para que sejamos felizes a maior parte do tempo, porque isso é possível. Que assim seja, quando vivermos da melhor forma que conseguirmos e deixarmos os resultados nas maravilhosas mãos de Deus. Amém.

AGRADECIMENTOS

Muito obrigada a Liping Wang, da Wylie Agency, Geoff Kloske e a todos na Riverhead, por tudo. E Anna Jardine, você faz o melhor copidesque do mundo.

Agradeço demais a Neshama Franklin, Doug Foster e Tom Weston, por seu apoio constante e valioso. Vocês são meus colaboradores. E também a Mark Childress, Karen Carlson, Janine Reid, Steven Barclay e Kathryn Barcos.

A Igreja Presbiteriana de St. Andrews, em Marin City, Califórnia, a Rev. Veronica Goines e o grupo Amen Corner: estou aqui por sua causa e meu amor por vocês é maior do que consigo expressar em palavras. Muito obrigada, Sam Lamott e Jax Lamott: vocês são as minhas principais razões para viver.

CONHEÇA OUTRO TÍTULO DA AUTORA

Palavra por palavra

Se o seu sonho é tornar-se escritor, preste atenção ao que Anne Lamott tem a lhe ensinar. Ela pode ajudá-lo a despertar a paixão pela escrita, dar vazão à sua criatividade e encontrar a sua voz.

Neste livro, que se tornou um clássico sobre o assunto, Anne dá dicas preciosas que incentivam qualquer pessoa que queira percorrer esse caminho a seguir em frente e não desistir.

Escrever é, por natureza, uma atividade pessoal e solitária. O que Anne faz neste livro é compartilhar exemplos e casos que explicam como ela lida com as tribulações do dia a dia – como a falta de confiança em si mesma, o bloqueio criativo e a inveja profissional –, ao mesmo tempo que discute os elementos básicos da escrita.

Ela nos orienta a começar com pequenas tarefas, garante que até mesmo os autores consagrados partem de primeiros esboços ruins e nos ensina que o perfeccionismo é o maior inimigo de qualquer escritor.

Palavra por palavra acaba com a fantasia de que a publicação irá solucionar todos os problemas de sua vida e defende que a escrita em si será sua maior recompensa.

Com gentileza e bom humor, Anne seduz o leitor e lembra aos iniciantes por que eles estão escrevendo – para dizer a verdade, viver de acordo com seu coração e compartilhar seu dom com os demais.

Você pode falar com Deus

PEDRO SIQUEIRA

Desde criança, Pedro Siqueira tinha visões místicas. Com o tempo, seu dom se transformou em missão: ser um instrumento de ligação entre as pessoas e o mundo espiritual e ajudá-las a desenvolver sua fé através de mensagens de santos, anjos e de Nossa Senhora.

Ele começou a dividir os ensinamentos que recebia com pequenos grupos de oração. Aos poucos, esse círculo foi crescendo e, hoje, Pedro dirige a oração do terço para milhares de fiéis.

Com este livro, ele amplia ainda mais o alcance de sua mensagem e leva ao leitor as orientações mais importantes para quem deseja estreitar sua relação com Deus por meio da oração.

Muitas pessoas que creem em Deus não têm o hábito de rezar, mas Pedro mostra que a prece precisa fazer parte do nosso dia a dia. Seus poderes são surpreendentes: ela acalma corações e transforma a realidade.

Neste livro, ele ensina como devemos rezar para estabelecer um canal de comunicação direto e verdadeiro com Deus. E nos aponta o caminho para uma vida espiritual plena e feliz, dedicada ao Senhor e a serviço do próximo.

A partir de fascinantes histórias reais, Pedro nos faz ver que as coisas vindas do Altíssimo são impressionantes e imprevisíveis. E que, quando rezamos com fé e acreditamos na Providência divina, milagres podem acontecer em nossas vidas.

A magia

RHONDA BYRNE

Uma palavra muda tudo.

Durante mais de vinte séculos, as palavras de um texto sagrado foram mal interpretadas, intrigando e confundindo quase todos os que as leram. Poucos ao longo da história perceberam que se tratava de um enigma... e que, assim que você o solucionasse – assim que desvendasse o mistério –, um novo mundo surgiria diante dos seus olhos.

Em *A Magia*, Rhonda Byrne revela este conhecimento revolucionário ao mundo. Em uma incrível jornada de 28 dias, ela ensina como aplicá-lo à sua vida cotidiana. Não importa quem você seja, onde esteja e quais as suas atuais circunstâncias, *A Magia* irá mudar toda a sua vida!

Para mais informações sobre *A Magia*, visite www.thesecret.tv.

Jesus está ao seu lado

SARAH YOUNG

Não é difícil nos imaginarmos falando com Deus. Na verdade, muita gente faz isso todo dia. A oração faz parte da vida de muitas pessoas. Mas poucas ousam imaginar Deus falando diretamente e sussurrando à sua mente e ao seu coração.

Sarah Young acredita que a presença de Deus deveria ser uma experiência contínua na vida de todos, e que essa experiência deveria trazer alegria, paz, amor, confiança, coragem e uma aproximação mais estreita com o Criador do Universo.

Foi o que Sarah ousou experimentar. Ao dedicar momentos a sós com Deus, ela decidiu registrar os pensamentos e as impressões que lhe vinham à mente e ao coração, como se o próprio Deus estivesse conversando com ela. Sarah usa passagens da Bíblia e escreve sob a perspectiva de Deus falando diretamente com você. É um recurso poético extraordinário e bastante didático.

Jesus está ao seu lado permitirá que você sinta e viva intensamente o chamado de Jesus para desfrutar da presença de Deus em sua vida.

O Poder do Agora

ECKHART TOLLE

Nós passamos a maior parte de nossas vidas pensando no passado e fazendo planos para o futuro. Ignoramos ou negamos o presente e adiamos nossas conquistas para algum dia distante, quando conseguiremos tudo o que desejamos e seremos, finalmente, felizes.

Mas, se queremos realmente mudar nossas vidas, precisamos começar neste momento. Essa é mensagem simples, mas transformadora de Eckhart Tolle: viver no Agora é o melhor caminho para a felicidade e a iluminação.

Combinando conceitos do cristianismo, do budismo, do hinduísmo, do taoísmo e de outras tradições espirituais, Tolle elaborou um guia de grande eficiência para a descoberta do nosso potencial interior.

Esse livro é um manual prático que nos ensina a tomar consciência dos pensamentos e emoções que nos impedem de vivenciar plenamente a alegria e a paz que estão dentro de nós mesmos.

A Oração de São Francisco

ANDERSON CAVALCANTE E GABRIEL PERISSÉ

A vida de São Francisco de Assis foi um cântico de louvor à paz e à harmonia. Pela palavra e pelo exemplo, dedicou-se de corpo e alma aos valores que tornam este sonho de paz uma realidade. Para isso, precisou vencer o egoísmo e enfrentar a tristeza, o desespero, a dúvida e o ódio, ensinando a seus seguidores e a todos nós que essa luta sempre conduz à vitória.

A Oração de São Francisco reúne em seus versos a essência desse ensinamento. Para que a luz se torne presente em nosso cotidiano, em nossa família e em nosso ambiente de trabalho, precisamos muitas vezes encarar as trevas e, repletos de coragem, dar início à transformação dentro de nós mesmos.

Além de expressar um desejo individual e coletivo, a Oração de São Francisco é um programa de ação. Onde houver tristeza, levemos a alegria. Onde houver ódio, levemos o amor. Onde houver ofensa e mágoas, levemos o perdão. Onde houver dúvidas e hesitações, levemos a fé. Onde houver discórdia, levemos a união entre todas as pessoas.

Seguindo passo a passo esse audacioso programa a favor da paz, Anderson Cavalcante e Gabriel Perissé trazem neste livro provocações e reflexões práticas para que você experimente em sua vida a força e a inspiração divinas, capazes de instaurar a paz interior e disseminar ao seu redor a compreensão mútua e a verdadeira felicidade.

Nunca perca a esperança

REBBE NACHMAN DE BRESLOV

A profunda sabedoria e o otimismo inabalável do Rebbe Nachman de Breslov fizeram dele um dos mestres espirituais mais importantes de todos os tempos. Ainda hoje, mais de dois séculos após sua morte, seus ensinamentos continuam inspirando milhões de pessoas.

Qualquer que seja a sua crença, os aforismos reunidos aqui vão trazer conforto e paz para o seu coração. A mensagem deste livro é poderosa: nunca perca a esperança, busque nas pessoas o que elas têm de melhor e encontre a felicidade em tudo o que acontecer em sua vida.

"Saiba! Caminhamos pela vida sobre uma ponte muito estreita. O mais importante é não termos medo."

CONHEÇA OS CLÁSSICOS DA EDITORA SEXTANTE

1.000 lugares para conhecer antes de morrer, de Patricia Schultz

A História – A Bíblia contada como uma só história do começo ao fim, de The Zondervan Corporation

A última grande lição, de Mitch Albom

Conversando com os espíritos e *Espíritos entre nós*, de James Van Praagh

Desvendando os segredos da linguagem corporal e *Por que os homens fazem sexo e as mulheres fazem amor?*, de Allan e Barbara Pease

Enquanto o amor não vem, de Iyanla Vanzant

Faça o que tem de ser feito, de Bob Nelson

Fora de série – Outliers, de Malcolm Gladwell

Jesus, o maior psicólogo que já existiu, de Mark W. Baker

Mantenha o seu cérebro vivo, de Laurence Katz e Manning Rubin

Mil dias em Veneza, de Marlena de Blasi

Muitas vidas, muitos mestres, de Brian Weiss

Não tenha medo de ser chefe, de Bruce Tulgan

Nunca desista de seus sonhos e *Pais brilhantes, professores fascinantes*, de Augusto Cury

O monge e o executivo, de James C. Hunter

O poder do Agora, de Eckhart Tolle

O que toda mulher inteligente deve saber, de Steven Carter e Julia Sokol

Os segredos da mente milionária, de T. Harv Eker

Por que os homens amam as mulheres poderosas?, de Sherry Argov

Salomão, o homem mais rico que já existiu, de Steven K. Scott

Transformando suor em ouro, de Bernardinho

INFORMAÇÕES SOBRE A SEXTANTE

Para saber mais sobre os títulos e autores
da EDITORA SEXTANTE,
visite o site www.sextante.com.br
e curta as nossas redes sociais.
Além de informações sobre os próximos lançamentos,
você terá acesso a conteúdos exclusivos
e poderá participar de promoções e sorteios.

www.sextante.com.br

facebook.com/esextante

twitter.com/sextante

instagram.com/sextante

skoob.com.br/sextante

Se quiser receber informações por e-mail,
basta se cadastrar diretamente no nosso site
ou enviar uma mensagem para
atendimento@esextante.com.br

Editora Sextante
Rua Voluntários da Pátria, 45 / 1.404 – Botafogo
Rio de Janeiro – RJ – 22270-000 – Brasil
Telefone: (21) 2538-4100 – Fax: (21) 2286-9244
E-mail: atendimento@esextante.com.br